Ecole Lesage
CHEZ VOUS

Broderie d'art
La transmission d'un savoir

エコール・ルサージュの刺繡

Ecole Lesage

オートクチュール刺繡が家で楽しめます

エコール・ルサージュ＝著

文化出版局

Sommaire

愛情の物語

以前からファッションやその素材にひかれていた私は、目の前の花道に次々と登場するオートクチュールのファッションショーを眺めながら、メゾン・ルサージュの華麗な刺繡作品に感動していました。

1992年にルサージュ氏がエコール・ルサージュを開校すると聞いた際、真っ先に興味を抱き、幸運なことにこのエコールの初めての生徒となりました。何年間もかけ、オートクチュールからインテリアデコレーションに至るまでの各レベルのコースを受講いたしました。

刺繡芸術という名の宝物、才能に満ちあふれたメゾン・ルサージュとそのエコールに私は一目惚れし、それは次第に純粋な愛情の物語へと変わっていきました。

2002年にシャネルがメゾン・ルサージュを買収した際、エコールの芸術的指導は私に託されました。
それ以来、芸術的技術をより深く知るために専念してまいりました。
この学校の理念は、エコールが持っているノウハウを生徒たちに伝え、そして生徒たちが教わった様々なテクニックを身につけ、さらにおのおのの個性的な想像力を発揮する機会を手に入れることです。

この本では、選び抜かれたビーズ、スパングルや宝石類などを刺繡したファッションアクセサリーの作り方を紹介しながら、刺繡芸術に対するエコール・ルサージュの情熱をあなたと分かち合いたいと思います。
針とかぎ針でメゾン・ルサージュの創造の精神をあなたも一度経験してみませんか。

Catherine Goux

カトリーヌ・グウ

刺繍作品：メゾン・ルサージュ作品コレクション

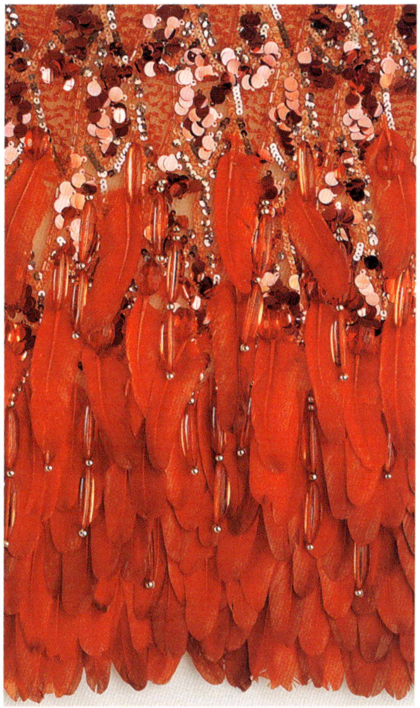

刺繍芸術のエコールへ ようこそ

初心者から上級者まで歓迎するエコール・ルサージュは、刺繍愛好者にプロフェッショナルレベルの授業を行なうことを目的としています。授業は、初心者でも経験者でも一人一人のニーズや計画にこたえられるものになっています。

参加者の人数及び内容によって3時間から150時間に及ぶさまざまなコースが設定されています。

実習
生徒のレベルに合わせて選ばれた豊富な刺繍作品が提案されます。エコールの講師の指導により、携帯電話入れ(3時間)、または彫刻作品のように立体的な、針とかぎ針で製作する情熱的なばら作り(30時間)も、もう夢ではありません。

自然な光も
エコール・ルサージュに
欠かせない要素の
一部です。

刺繍の合い間に
窓からパリの屋根屋根を
見るのも気持ちいいものです。

プロ養成講座

プロ養成講座は、1学科150時間の授業を受講し、そこで基礎的な技術を身につけます。

エコール・ルサージュでの教育はフランスのあらゆるオートクチュール界で認められています。

そしていよいよ……

世界のモード界の声にこたえるため、刺繍芸術の専門講座が各国で開かれる計画があります。ニューヨーク、香港、そしてロンドンでエコール・ルサージュの資格免許を目的とする授業が行なわれます。この授業は、刺繍を施した各デザイナーのコレクションがすばらしいものになるように、刺繍芸術のすべての技術を教えることを目的としています。

あなたを助ける
特別な才能の持ち主たち

たくさんのビーズを囲む
エコールのスタッフ。

1段、2段、3段と虹色に飾られた床が、エコールのある4階のフロアへ一歩一歩導き、案内してくれます。エコール・ルサージュの扉を開けたとたん、柔らかな優しい光が満ちた空間があなたを静かで安らかな教室へと迎えてくれます。そこは素材や色の美しさとそれに導き出されたハーモニー、限りなく広がる旅への始まりです。ここでは、芸術という名の技術の魔法を発見することができます。芸術監督のカトリーヌ・グウはフランソワ・ルサージュのメッセンジャーとなり、並外れたメゾンの哲学を教え子たちと分かち合います。エコールにとってノウハウの伝達は使命でもあり喜びでもあります。

エコール・ルサージュの一日

授業が始まると、皆それぞれ元気に作品にとりかかります。ある者は刺繍台を据えつけることから学び、またある者は刺繍作品を続けます。講師たちは生徒に刺繍台の組立てや一針めからの指導をし、それぞれのレベルに合ったアドバイスを丁寧にしてくれます。

講師のドミニークは、ロサンジェルスから訪れたファッションスクールの生徒たちを担当して、30時間のリュネビル刺繍の入門講座を教えています。刺繍台の前に座り、英語で説明しながらチェーンステッチのデモンストレーションを始めています。「かぎ針を引いて、糸を引き上げ、安定させ、かぎ針を戻す。うまく通ってますね！　できましたね！」器用な手先でパーフェクトな縫い目が作品の縁に作り出されます。そして生徒一人一人の、かぎ針の扱い方が上達するよう願いながら刺繍台について見守ります。

講師のフロランスは昨年リュネビル刺繍の入門講座を受けた生徒に近づきます。彼は、今年は花模様の水盤の絵を完成させています。このように、男性も女性も刺繍のとりこになり、エコールの仲間になります。

ナディーヌ「ある日、私はルサージュのブティックを見学するつもりでエコールの扉をたたいたのに、出てきたときにはコースに申し込んでいました。手を使う楽しみを求めていました。そして確かに始めたころは気晴しだったのですが、あまりにも楽しいものですから今は毎日刺繍をしないではいられないのです。ここのエコールで習い始めると、もう止まらなくなってしまうのです。楽しさに没頭してしまうのです。刺繍をすることは、絶えず美を求めることです。ここでは静けさ、高い精度、そして厳しい環境の中で作業をします。エコールの教えの一つは技術を向上させること、研究をすることなので、家では練習を重ね、エコールで学んだ技術を伸ばす努力をしています。そしてそれがどこまでも可能だということに気づきます」

エリックは、オートクチュールで使われているステッチや素材など、多くの発見をして刺繍の入門講座を修了します。
エリック「エコール・ルサージュの講座を受講し、1年ほど前に刺繍のアトリエを開いた友人がいます。彼にコレクション中に手伝ってほしいと頼まれました。昔から針仕事が好きだったので、彼のアトリエに自分の作品を持っていきました。その時、刺繍職人たちの仕事を眺めながら突然ひらめいたのです。
当時、私は外食産業の仕事をしていましたが、手をつかう仕事に職業を変えたいと思っていました。その後、友人は彼のアトリエで初歩から勉強するようすすめてくれました。そこで勉強するうちに、私も世界一すばらしい刺繍学校のエコール・ルサージュのプロ養成講座を受ける気になりました。
昔からファッションの熱狂的なファンだったので、美を創造することに参加しながらこの分野に移る機会をつかむことができました。手をつかう仕事をしながら自分の理想をかなえられることは幸せなことです。入門講座では、エコールで講師にステッチを教えてもらい、家で仕上げます。家に宿題を持ち帰りますので本当の学校のようですよ」

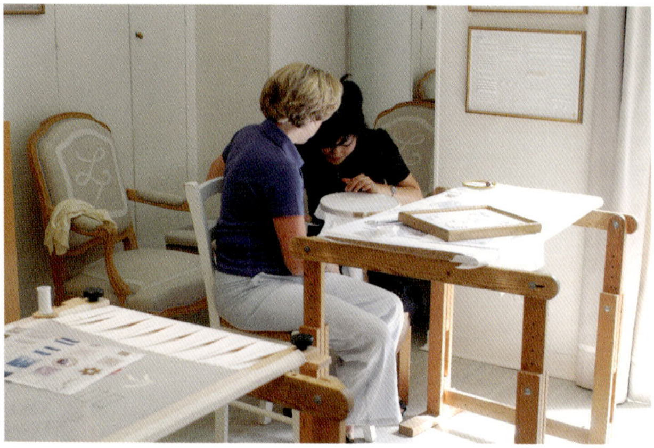

オリアンヌは、ビーズとリボンで飾った花模様をクッションに刺繍しています。昔エコールの生徒だったカズミが豊富な経験から、作品の進行状態についてアドバイスして不安を取り除いてくれます。エコール・ルサージュのアクセサリーの実習では6～12時間かけて二つの違ったものを作るので、オリアンヌは、クッションが終わりしだい、すぐにとんぼの刺繍にとりかかります。
オリアンヌ「刺繍をするのは楽しくて大好きです。伝統的な刺繍よりもリボン刺繍のほうがボリューム感を味わうことができ、余暇の楽しみとして気に入っています。刺繍をしていると気分が休まり、リラックスできます」

クリスティーヌ「私はここに来る前から刺繍をしています。私の二人の祖母も刺繍をしていましたので、刺繍に対する二人の情熱を幼いころから受け継いでいると思います。布や糸などの素材が大好きなので、家の中の布に関係するすべてのものに興味を持っています。それで私はプレタポルテと装飾品のコンサルタントの仕事をしているのです。現在ブリュッセルに住んでいて、15年ほど前からエコールの数々の刺繍講座を受講しています。ここで伝統的なブルターニュ刺繍を学ぶことができました。ベルギーには刺繍を芸術として教える学校はなく、主にクロスステッチ刺繍だけなのです。
エコール・ルサージュでは、上質な作品ができ上がるようにアドバイスしてくれますのでますますやる気がわきます。蝶をデザインしたかぎ針の講座を受講しました。この12時間のコースで、かぎ針を使いこなせるようになります。刺繍は私を夢中にさせてくれますし、リラックスさせてもくれます。将来オートクチュールの刺繍に身を捧げることが私の夢です」

36時間のコースで、
この生徒は
「Ravel」という名の刺繍作品を
完成させます。

生徒はステッチ一本一本を目で追い、正確な動きや集中力のある目を養います。ささやき声の中に、かぎ針や針が薄い生地を突き刺す音がかすかに聞こえるほどの静かな環境です。でも講師たちと生徒たちの笑いがハーモニーのように鳴り響くこともあります。というのは、刺繍はあまり緊張の中でする仕事ではありませんから。エコール・ルサージュではリラックスすることも欠かせません。
よくおばあさんたちが口癖のように言っていましたよね、作ってはやり直す、作ってはやり直すことこそ仕事だと。講師はクリスティーヌの仕事をのぞき込み、ステッチが1針ゆがんでいるのを見つけました。数ミリほどいてきれいにやり直します！

ベネディクト「この作品は針とかぎ針の両方を使って仕上げます。リボンを使っての技術、ストレートステッチ、詰め物を入れたステッチ、宝石類のとめ方、そして革やラフィアの扱いも学べます。絹糸を使っての仕事は複雑です。絹はデリケートなので、いちばん難しいのです。絹糸の場合、木綿糸と違って、間違うとすぐに目立ちます。まっすぐに糸を引くのは、特別な技術が必要です。エコールで私はセミプロ講座を受けています。ここでの勉強は新しい人生設計のために、自分で望んで、自分で決めたことです」

刺繍をしたら、
生徒は自分の作品を
離れて眺め、チェックして、
どんな小さな欠陥でも
見逃さないように進めるので、
作品がよりよいものに
なるのです。

ブローチ製作の一日

クリスティーヌは、エコールで配られた刺繍キットを持参し、刺繍枠に作品の布地を固定します。ブローチ製作のための材料が作業机のあちらこちらに散らばっています。サテンリボンとスパングル、花びらにするチュールとオーガンディ、そしてビーズ類とスパングルと宝石類で飾る小さな房飾りのための細いリボン、仕上げのとめ金です。
「花のブローチの製作では、針を使ってリボン刺繍を初めて試みます」と講師は説明してくれます。「ブローチ製作のために宝石類やビーズをとめたり、花を形作ることで刺繍芸術に一歩一歩近づいていきます。生徒が6時間かけてブローチを完成させ、持ち帰るときがやってくると、私はいつも喜びを感じます。生徒たちもでき上がったことに感激し、とてもうれしそうです」

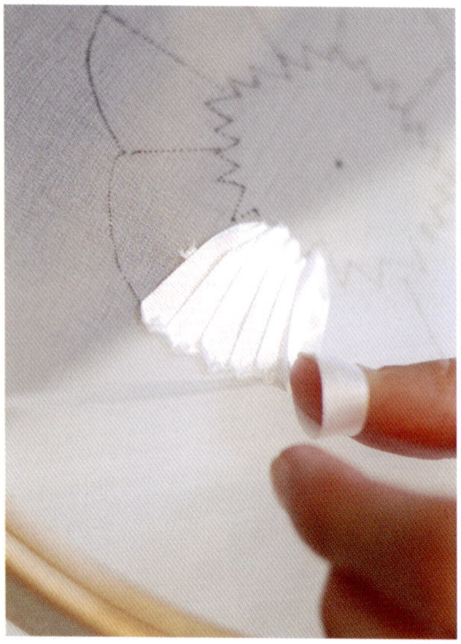

花の表面を埋めるリボン刺繍は、花びらに立体感を出し、まるで目の前に花が咲いているかのような印象です。白いサテンリボンでサテンステッチを刺すたびに、リボンのつやで作品が輝きます。完成までは遠いのですが、もう既に美しい作品になりかけています！

クリスティーヌは刺し方図を見るとステッチを刺す位置を追うことができ、どこにどの素材を使えばいいのかがわかります。エコールの講師は作品製作の指導をしてくれますし、問題が起きたときは真剣に、そして優しくアドバイスをしてくれます。

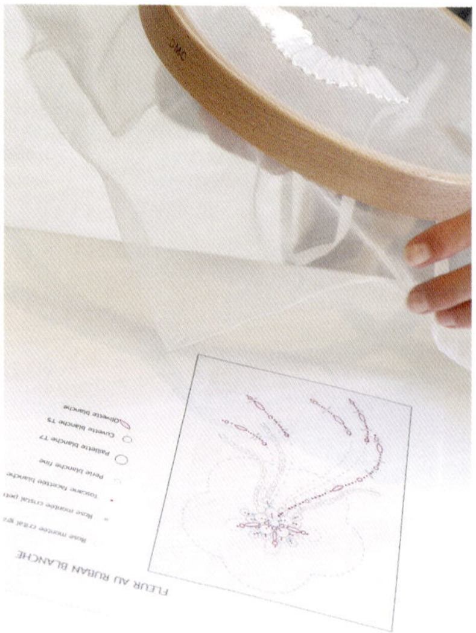

花はいつのまにか形が整い、リボンにはスパングルが重ね刺しされています。「生まれて初めて刺繍をする人は、ステッチ一本一本を刺すたびにためらってしまいますが、それはごくあたりまえのことです。そのうちに技術とともに自信がつきます」と講師は言って安心させてくれます。

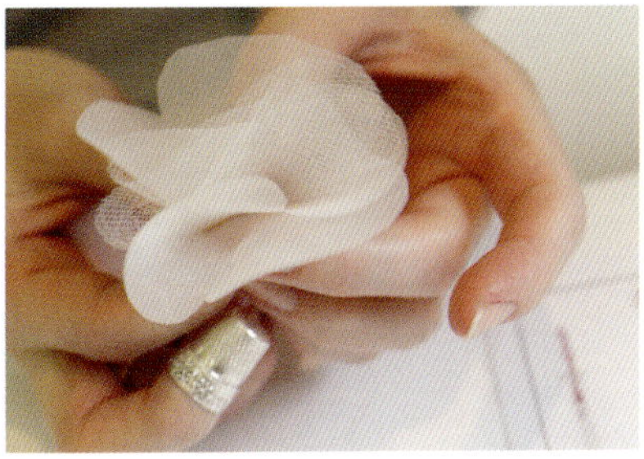

花びらを作るには多少器用であることが必要です。講師はチュールとオーガンディを繊細にたたみながら花びらの作り方をクリスティーヌに見せます。軽やかにできました。花を作ることができるって魔法のようです！

花びらを丁寧に土台の刺繍の花に縫いつけ、オーガンディリボンの花心も花の中心につけます。

小さな房飾りで花のブローチを飾ります。細いオーガンディのリボンには、ビーズ、オリーブ形ビーズとスパングルをとめたので、色と光のグラデーションで輝いています。

クリスティーヌの手によって、すばらしい花の作品ができ上がりました。刺繍枠に張られた花は昼の光を浴びています。

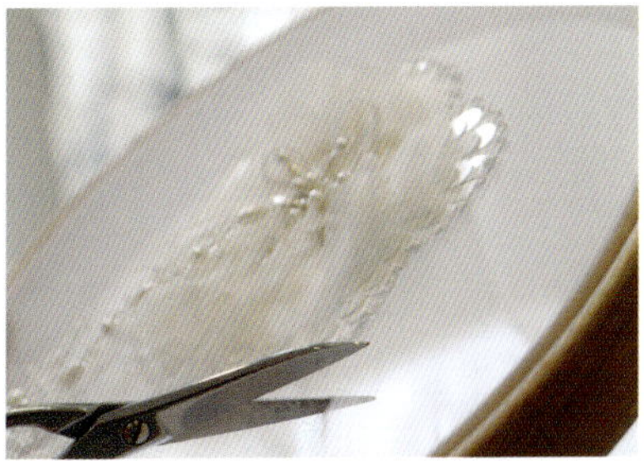

花の刺繍のまわりの布地を切る際には細心の注意を払います。これは息をこらすほどの緊張する瞬間です。刺繍枠からはずした作品の周囲の布地は、花の裏面に折りたたみ、ブローチのとめ金を縫いつけます。数分後、クリスティーヌはブローチを身につけています！

PARIS

PAILLETTES
PARIS
PAILLETTES
PARIS
PAILLETTES
PARIS

始める前に知っておくこと

ここでご紹介している作品は、本書のために特別に製作されたものばかりです。提案している革やオーガンディなどの素材は、ご自分の好みに合わせてほかの布地を使ってもかまいません。パターンと図案をコピーし、型紙用の鉛筆を使って布地の上に転写します。型紙用の鉛筆は手芸用品店や専門店などで購入できます。布地を切るときは、刺繍台や刺繍枠にとりつけられるように、パターンの周囲に余裕をつけて切ります。うろこ模様のショッピングバッグ(64ページ)、キルト模様のクラッチバッグ(84ページ)、紫色のバッグ(94ページ)の作り方は複雑です。パターンや作り方を載せていますが、ご自分で図案の構想を練り直したうえで気に入った刺繍作品を作ってもいいのです。

メゾン・ルサージュの
刺繍職人たちの
さまざまな刺繍針と
リュネビル刺繍の
かぎ針のコレクション。

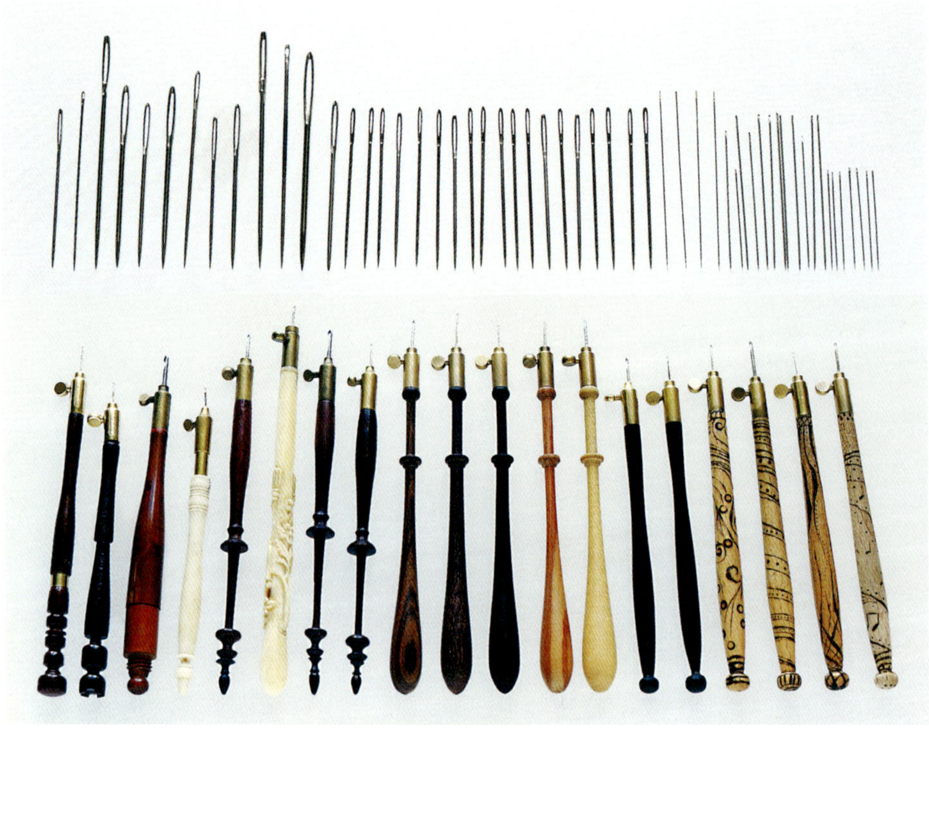

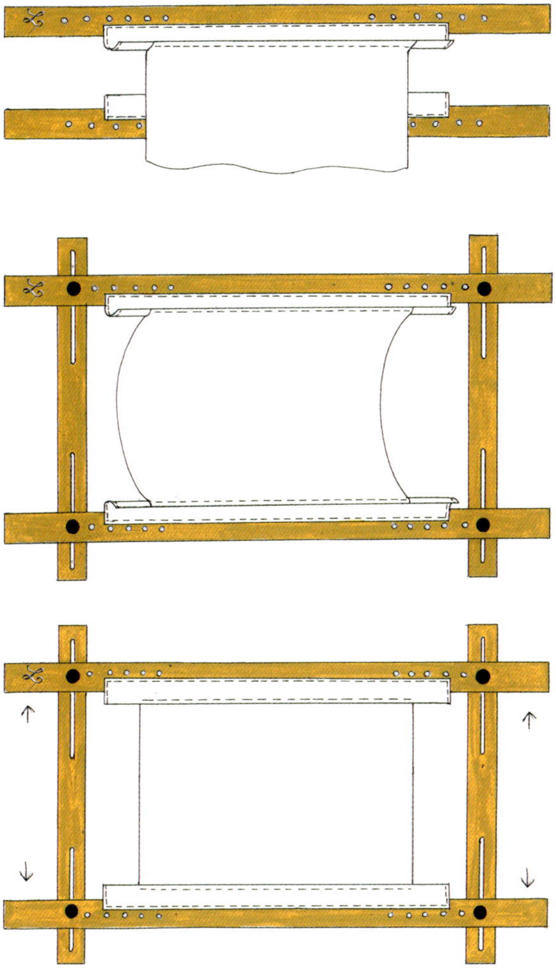

刺繍台の準備

左の図を参照

1. 2本の横板の1本めの台布の裏に生地を合わせます。両端と中心をピンでとめ、2本どりの糸で並縫いし、生地を台布に縫いつけます。最初と最後は3針ほど重ね縫いしておきます。

2. 生地の反対側も2本めの横板の台布にピンでとめ、縫いつけます。

3. 横板を縦板にのせ、ねじをはめます。

4. 2本の横板の間を広げて生地を引っ張ります。張りぐあいが均等になっているか確認します。ねじをしっかり締めます。

5. 張った生地の片脇にテープをピンでとめます。それを縦板に巻き、再び生地にピンでとめます。このようにテープを使って左右の端から生地を引っ張ります。

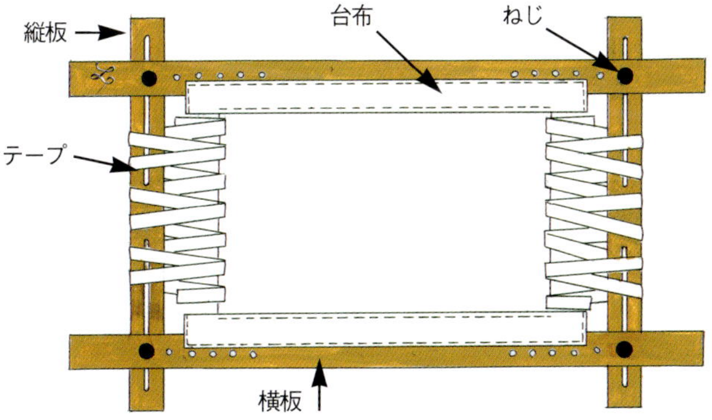

刺繍枠の準備

1. 重なっている二つの円い木の枠をはずします。

2. 内側の刺繍枠の上に生地を平らに置きます。

3. 布の上から、外側の枠をはめ込みます。

4. 生地をしっかりと張り、ねじでとめます。

かぎ針のリュネビル刺繍

かぎ針でする刺繍は、チュールのような軽い素材を使ったデリケートな刺繍作品を製作するための特別な技法です。使い慣れてくると気づきますが、かぎ針のほうが縫い針よりも作業が早く、正確に、そして簡単にできます。かぎ針は、木の柄と、かぎ針を挟み込む金属製の針ホルダーで構成されています。このかぎ針はねじで固定されています。かぎ針の溝はねじと同じ側になるように固定します。その際、指を刺さないように注意します。手が自由に動かせるように、姿勢よく座り、作業がしやすいようにいすの高さを調節します。作業は生地の裏面を上にして始めます。右手は刺繍台の上でかぎ針を持っています。そして左手は生地の下でステッチ一目ごとにかぎ針に糸をかけます。まず直線の練習をします。そして曲線と、最後に直角の練習をします。チェーンステッチの基礎技法が身についたら、自分の好みに合わせてビーズやスパングルなどをステッチとステッチの間に飾ってみます。ビーズやスパングルを糸に通し、糸巻きに巻いておきます。作品の裏面を見ながら作業します。

歴史を少しばかり

リュネビル刺繍は1810年にフランス北東部のリュネビルの街で誕生しました。リュネビル刺繍は、かぎ針でチュールにチェーンステッチをします。主にフランス北部地方のレース製作の流れをくむもので、軽く、柔らかい生地を使うことが特徴です。ステッチ一目ごとに、生地の下側に糸やビーズをとめていくのですが、これにより、上質で高級な刺繍に仕上げることができるのです。

誕生当時から高く評価されていたリュネビル刺繍でしたが、19世紀末の刺繍の機械化により衰退の時代を迎えます。しかし、かぎ針で縫いつけるビーズ刺繍によって、リュネビル刺繍は再び脚光を浴びることになります。その理由は、かぎ針を使って作業するほうが針を使って作業するよりもはるかに早かったからです。かぎ針の使い勝手のよさと精度は、ステッチの技法を発展させることとなり、ビーズやスパングルをはじめとする豊富な数の刺繍の材料が使えるようになりました。この新しい刺繍の技法は世界中の人を魅了しますが、第二次世界大戦後、工業化によりたくさんの芸術職の終りが告げられます。手仕事の賃金は近代化と競争できなくなり、刺繍芸術は息切れしてしまいます。

今世紀の初めより、メゾン・ルサージュは一流デザイナーが発表するコレクションでの創作活動を拡大し、テクニックの革新をしながら刺繍芸術の伝統を守っています。したがって、今は高度の技術力のあるよりよい刺繍職人でなければ、華やかで変化の激しい現代ファッションの中で生き残ることはできません。

1〜10 は刺始め
11〜16 はチェーンステッチ

1

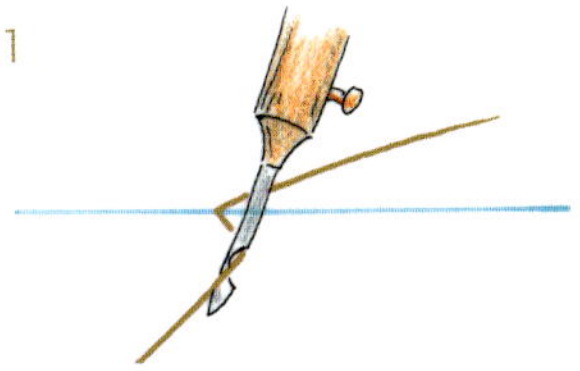

右手でかぎ針を垂直に立てて持ちます。生地に刺して、下側から左手でかぎ針に糸をかけ、糸端を引き上げます。もう一度かぎ針を生地に刺して糸をかけます。

2

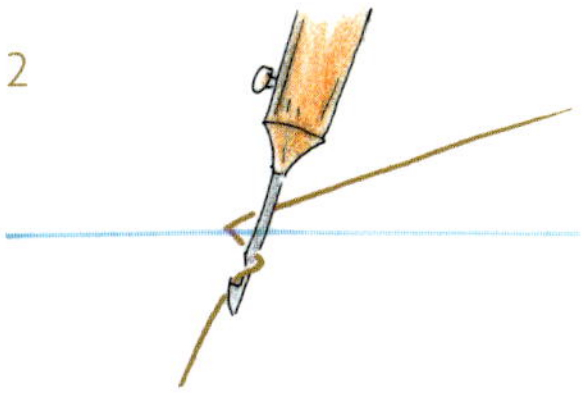

かぎ針を左に半回転させます。

3

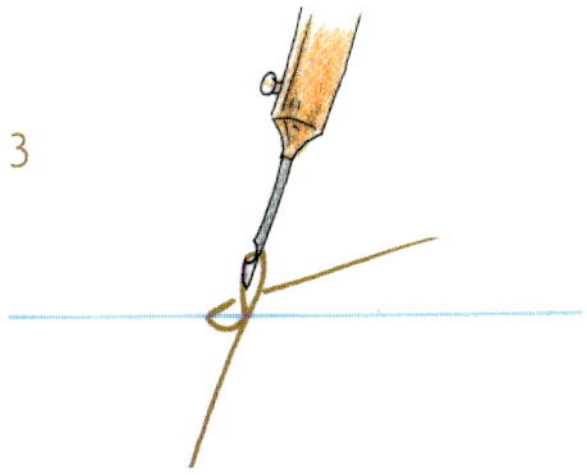

かぎ針を上に引き上げ、糸が輪になるように生地から抜きます。

4

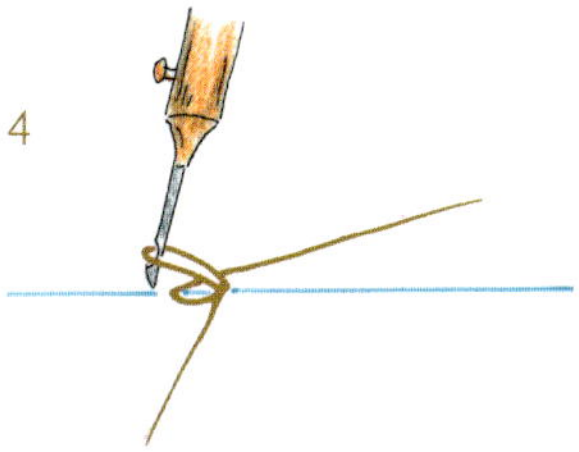

輪になった糸を持ち上げながら、最初の糸端の上を通るようにしてかぎ針を生地に刺します。

5

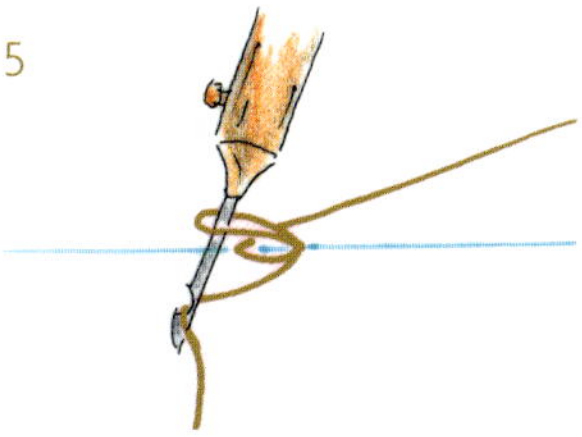

下側で糸をかぎ針にかけます。

6

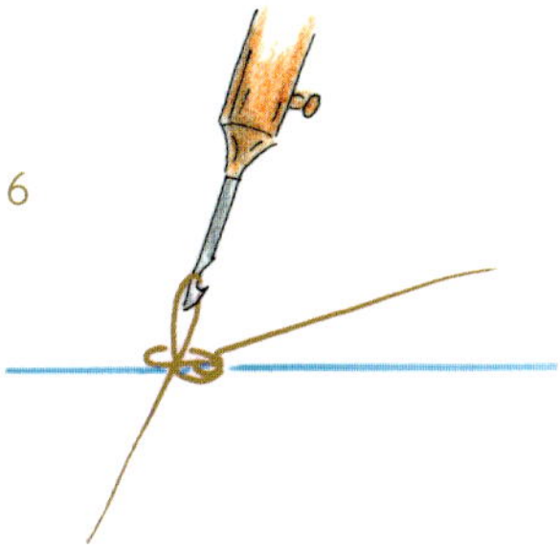

かぎ針を引き出しながら半回転させます。

7

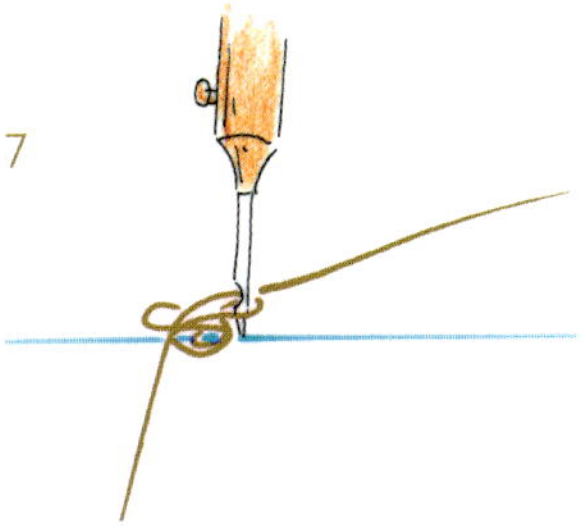

1つめのチェーンの上に2つめのチェーンが逆方向に重なるようにしてかぎ針を刺します。

8

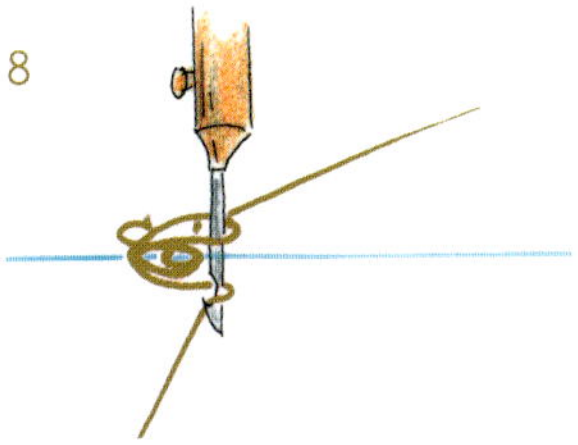

下側で糸をかぎ針にかけます。

9

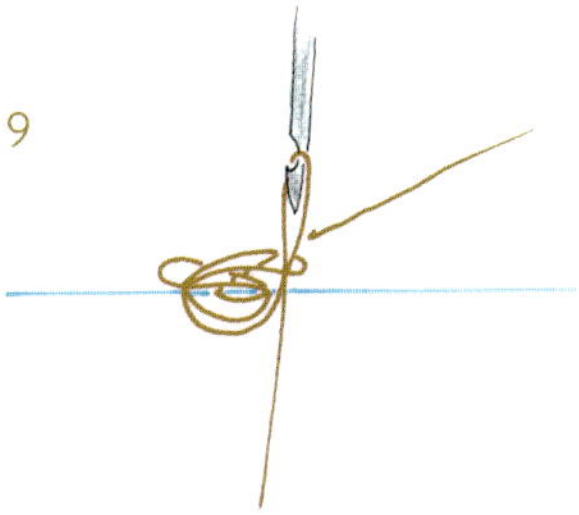

2つめの輪を通りながらかぎ針を生地から抜きます。糸端の際をカットします。

10

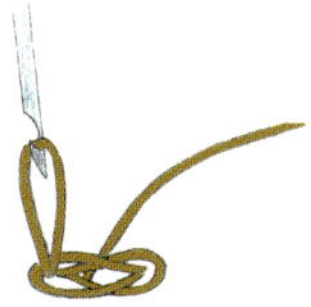

上から見た完成したステッチです。

11

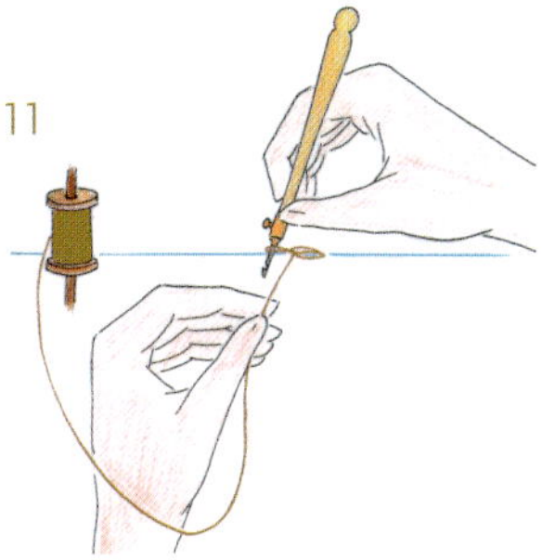

かぎ針を生地に垂直に刺します。

12

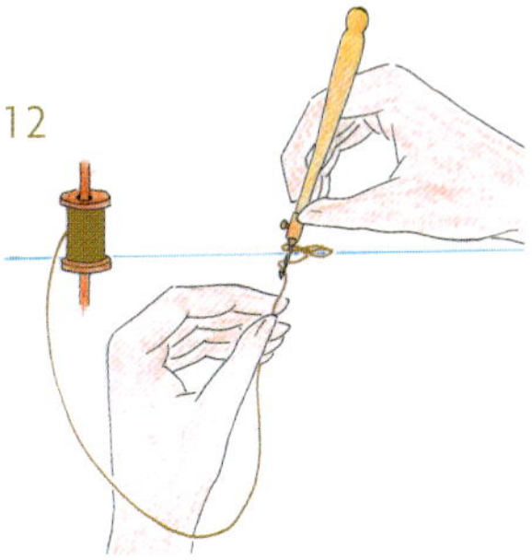

下側では左手でかぎ針に糸をかけます。

13

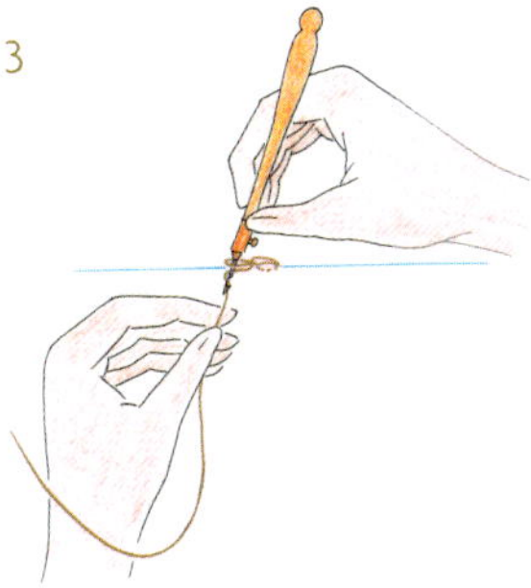

糸を軽く引きながら、かぎ針の先を右に向け、半回転させます。

14

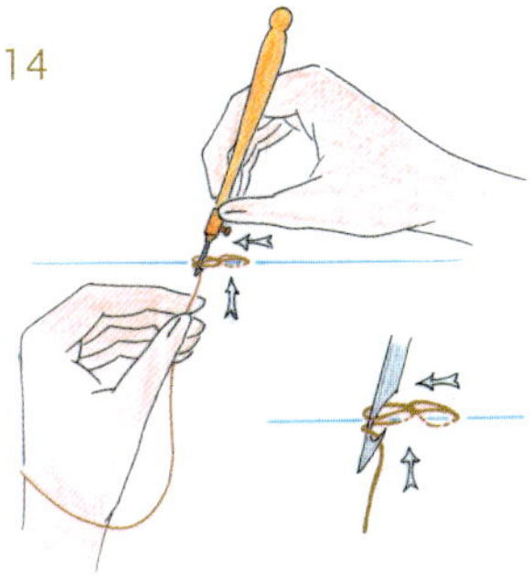

生地の上側にかぎ針を引きます。

15

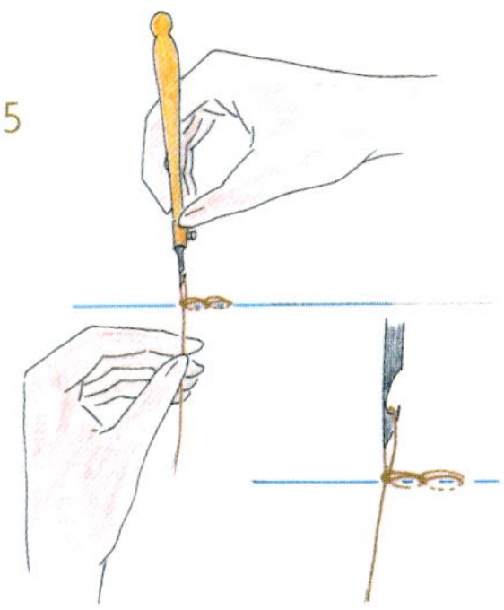

かぎ針の輪がなくならないよう、左手で糸を軽く押さえています。

16

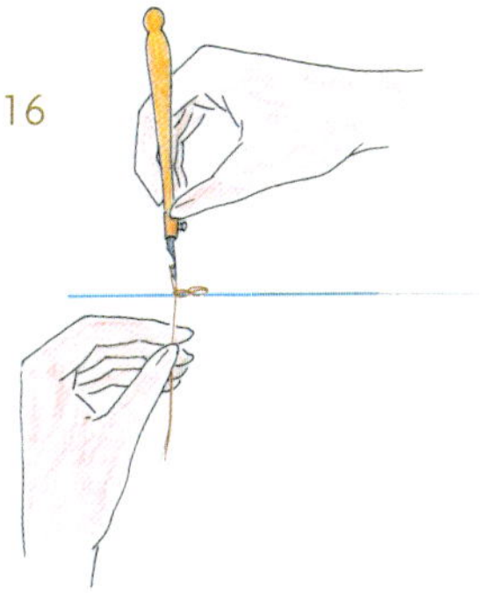

かぎ針を半回転させ、数ミリ先の位置に刺して、次のステッチを作ります。

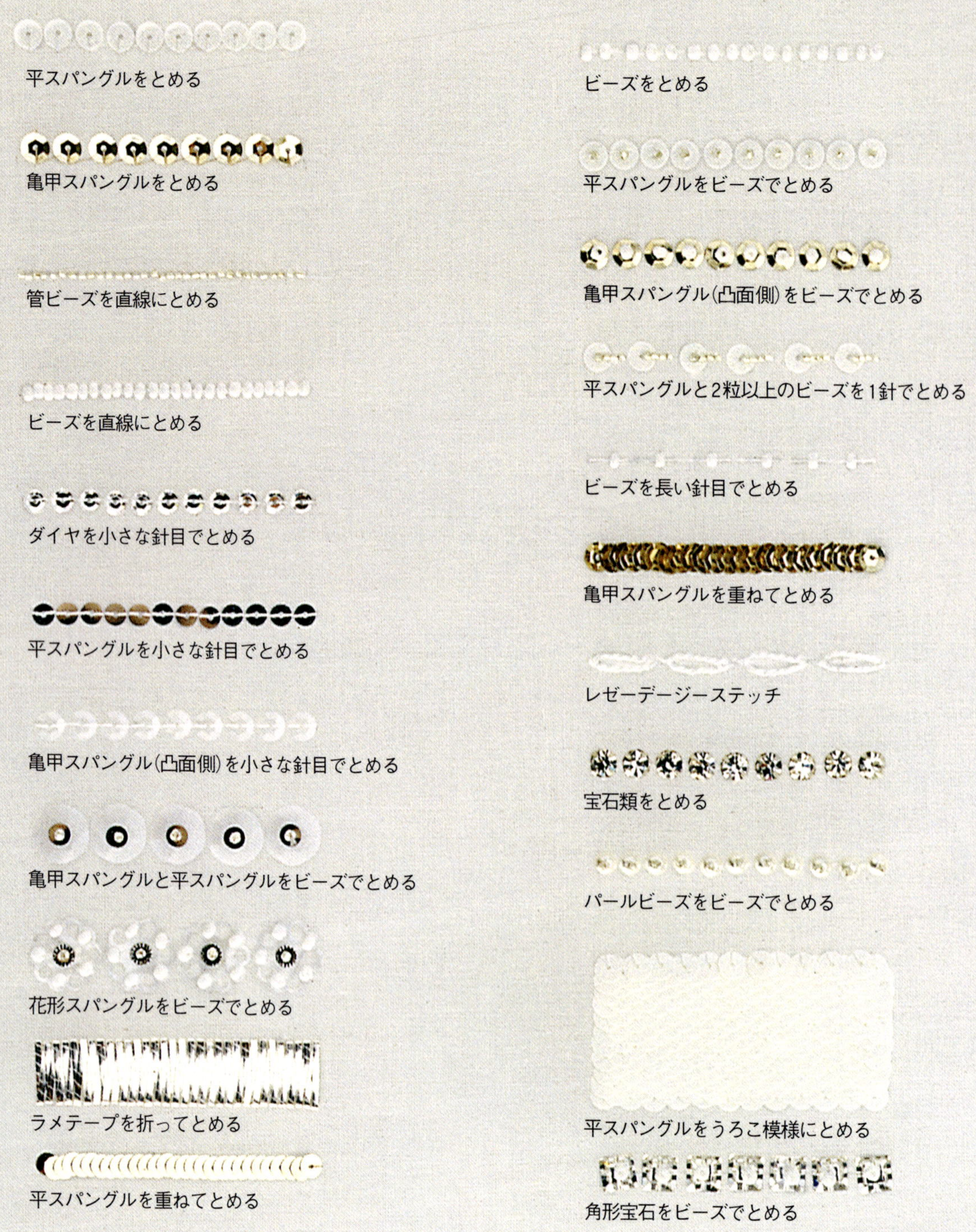
平スパングルをとめる
亀甲スパングルをとめる
管ビーズを直線にとめる
ビーズを直線にとめる
ダイヤを小さな針目でとめる
平スパングルを小さな針目でとめる
亀甲スパングル(凸面側)を小さな針目でとめる
亀甲スパングルと平スパングルをビーズでとめる
花形スパングルをビーズでとめる
ラメテープを折ってとめる
平スパングルを重ねてとめる
ビーズをとめる
平スパングルをビーズでとめる
亀甲スパングル(凸面側)をビーズでとめる
平スパングルと2粒以上のビーズを1針でとめる
ビーズを長い針目でとめる
亀甲スパングルを重ねてとめる
レゼーデージーステッチ
宝石類をとめる
パールビーズをビーズでとめる
平スパングルをうろこ模様にとめる
角形宝石をビーズでとめる

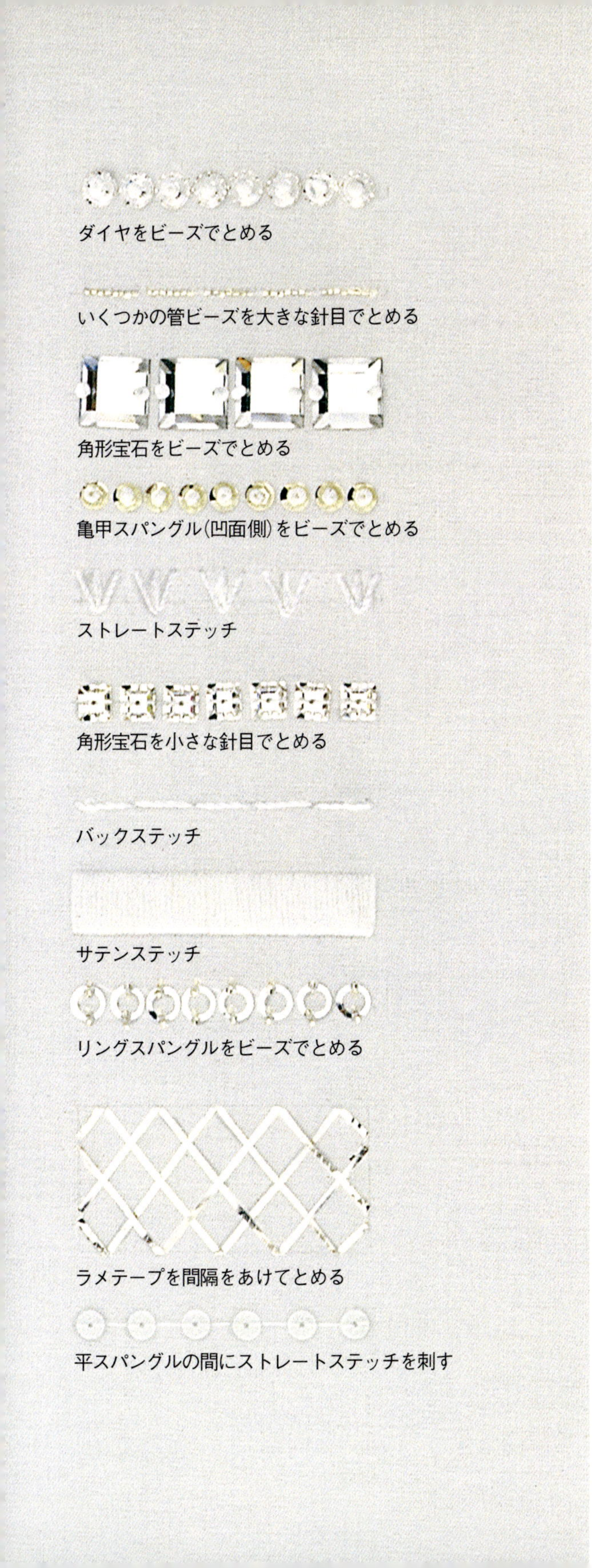
ダイヤをビーズでとめる
いくつかの管ビーズを大きな針目でとめる
角形宝石をビーズでとめる
亀甲スパングル(凹面側)をビーズでとめる
ストレートステッチ
角形宝石を小さな針目でとめる
バックステッチ
サテンステッチ
リングスパングルをビーズでとめる
ラメテープを間隔をあけてとめる
平スパングルの間にストレートステッチを刺す

針で

サテンの巾着袋

材料

DMC25番刺繡糸の白

白ビーズ

爪つきダイヤ

光沢のある亀甲スパングル（4㎜）

金色つや消し平スパングル（3㎜）

金色ビーズ

銀色小管ビーズ

刺し方図

- DMC25番刺繍糸の白
- 爪つきダイヤ
- 金色つや消し平スパングル（3㎜）
- 銀色小管ビーズ
- 白ビーズ
- 光沢のある亀甲スパングル（4㎜）
- 金色ビーズ

刺し方順序

注：刺繍は、針を使って布の表面からします。すべてのビーズ、平スパングル、亀甲スパングル、及び宝石類はDMC25番刺繍糸の白1本どりで縫いとめます。

1と2の花、3の葉　まず最初に花びら、または葉の中心からサテンステッチで刺繍を始めます。刺し方図のとおり、正確に刺繍します。

4の花　花びら1枚ごとに平スパングル3枚を外側から内側に向けて重ねます。4枚めの平スパングルは白ビーズと一緒にとめます。金色ビーズを花の中心にとめます。

5の花　花びら1枚ごとに平スパングル4枚を外側から内側に向けて重ねます。5枚めの平スパングルは金色ビーズと一緒にとめます。白ビーズを花の中心にとめます。

6の花　花の中心から始めます。1本の糸に銀色ビーズ3個と亀甲スパングル(凹面)1枚を通して花びらを1枚作り、針を花の外側に刺します。金色ビーズを花の中心にとめます。

7の花　花の中心から始めます。1本の糸に白ビーズ2～3個と亀甲スパングル（凹面）1枚を通して花びらを1枚作り、針を花の外側に刺します。金色ビーズを花の中心にとめます。

1の花に戻ります　中心に爪つきダイヤをとめます。銀色ビーズを2個、花びらと花びらの間に、ダイヤにつけるように1個ずつとめます。

2の花に戻ります　白ビーズを1個ずつ花びらのまわりにとめます。刺し方図に従い、爪つきダイヤ7個を花の中心にとめます。銀色ビーズを3個、花びらの根もとに1個ずつとめます。

3の葉に戻ります　刺し方図に従い、白ビーズを1個ずつとめます。

8の散らした小花　中心に金色ビーズをとめ、そのまわりに白ビーズを6個とめます。

9の茎　間隔をおいて白ビーズを1個ずつとめます。

つかったステッチ

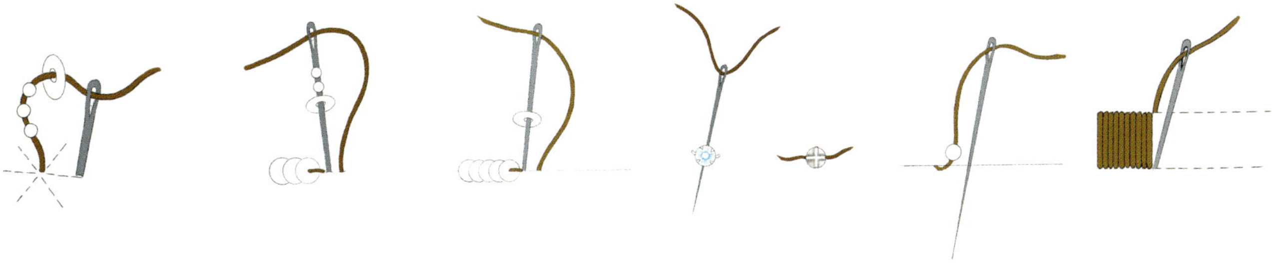

亀甲スパングルとビーズ3個をとめる

平スパングルとビーズ2個をとめる

平スパングルを重ねてとめる

爪つきダイヤをとめる

ビーズをとめる

サテンステッチ

仕立て方

提案生地：表布は白いオーガンディ、裏布はサテン

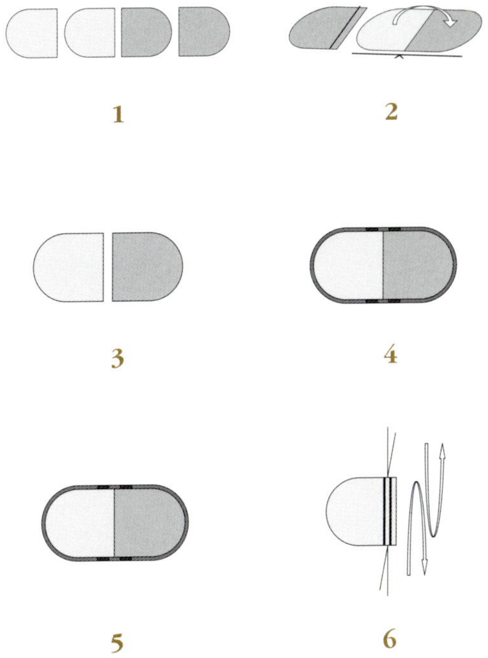

1. パターンに合わせて、表布と裏布を2枚ずつ裁断します。

2. 表布の上に裏布を中表にのせます。口側の端から5㎜のところを縫います。縫ったものを開いて平らにします。1組み作ります。残りの布は口側を折っておきます。

3. 縫って開いたものの上に、残りの布を、中表になるようにそれぞれ表布には表布、裏布には裏布をのせ、ひも通し口の部分を残して周囲を縫います。

4. 縫ったものを表に返します。ひも通し口で縫い残した部分は、接着剤でつけるか、または細かくかがります。

5. 巾着袋の裏布側を表布の中に入れます。形を整え、口側を縫い合わせます。縫い目にアイロンをかけます。

6. ひも通しの印にそって表布と裏布を縫います。ひもを通します。

7. ひもとポンポンは好みに合わせて飾ります。

図案（実物大）

パターン（実物大）

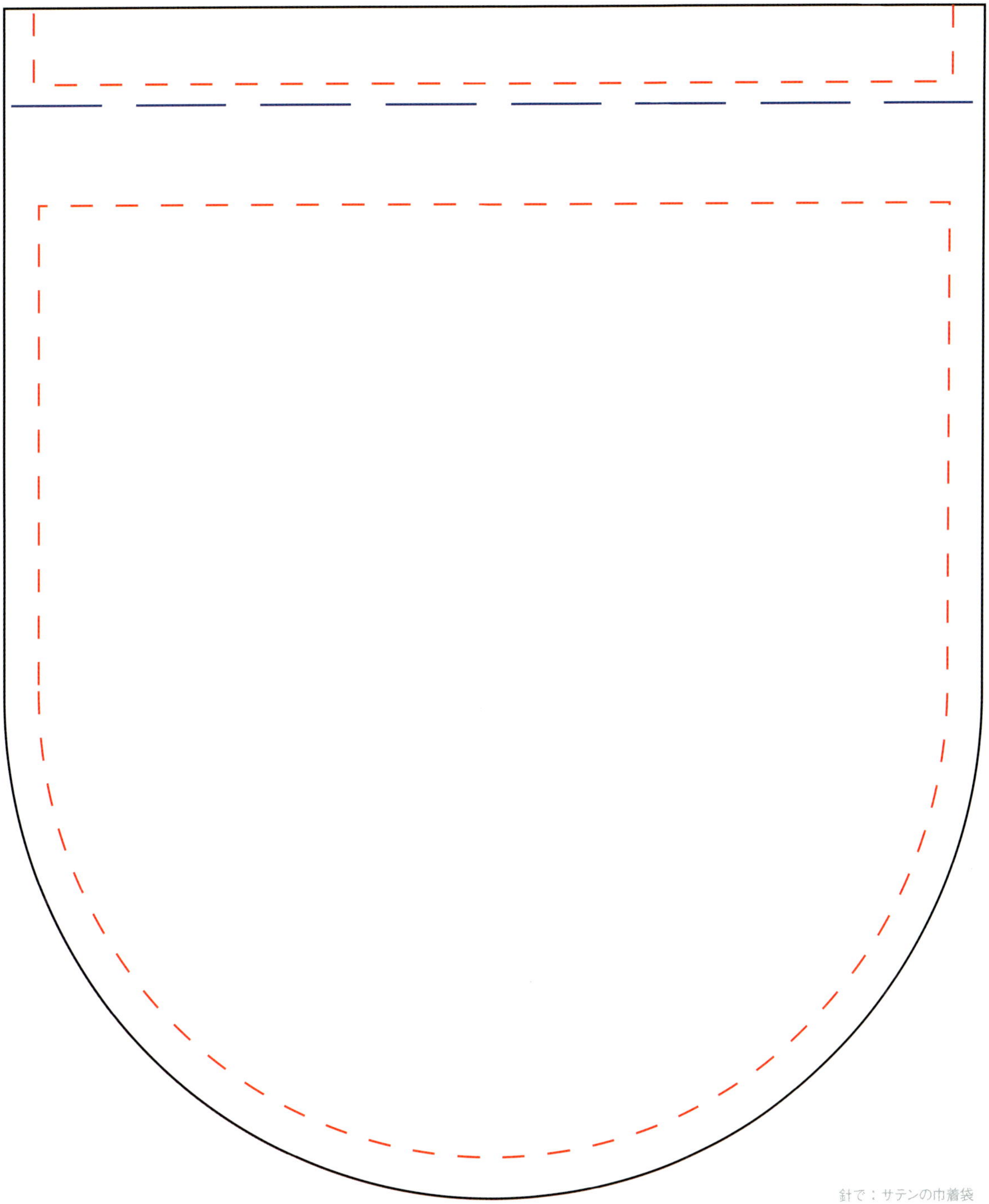

蝶のブローチ

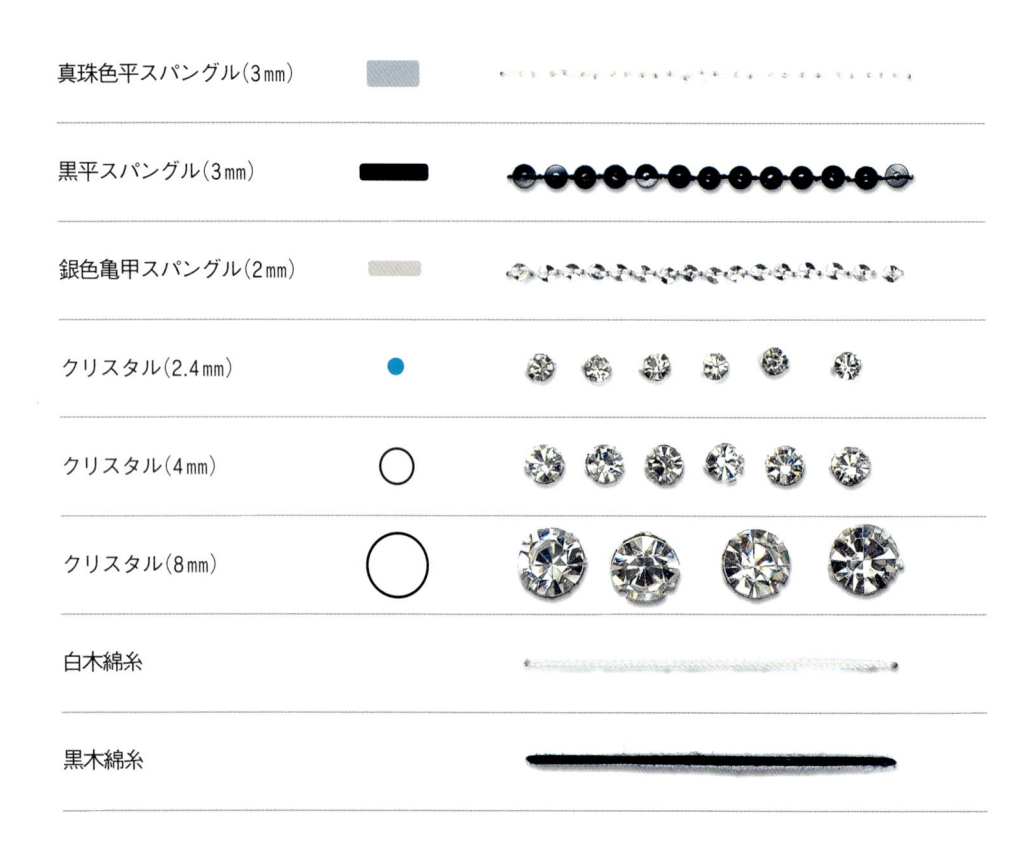

材料

真珠色平スパングル(3mm)

黒平スパングル(3mm)

銀色亀甲スパングル(2mm)

クリスタル(2.4mm)

クリスタル(4mm)

クリスタル(8mm)

白木綿糸

黒木綿糸

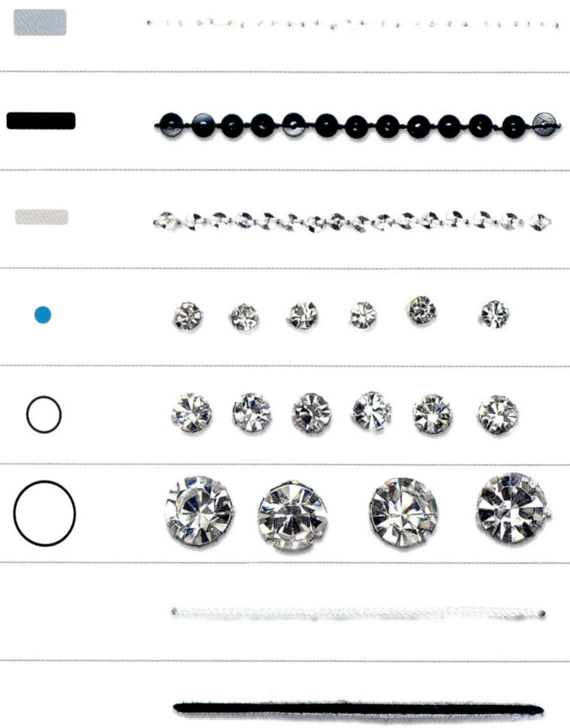

刺し方図

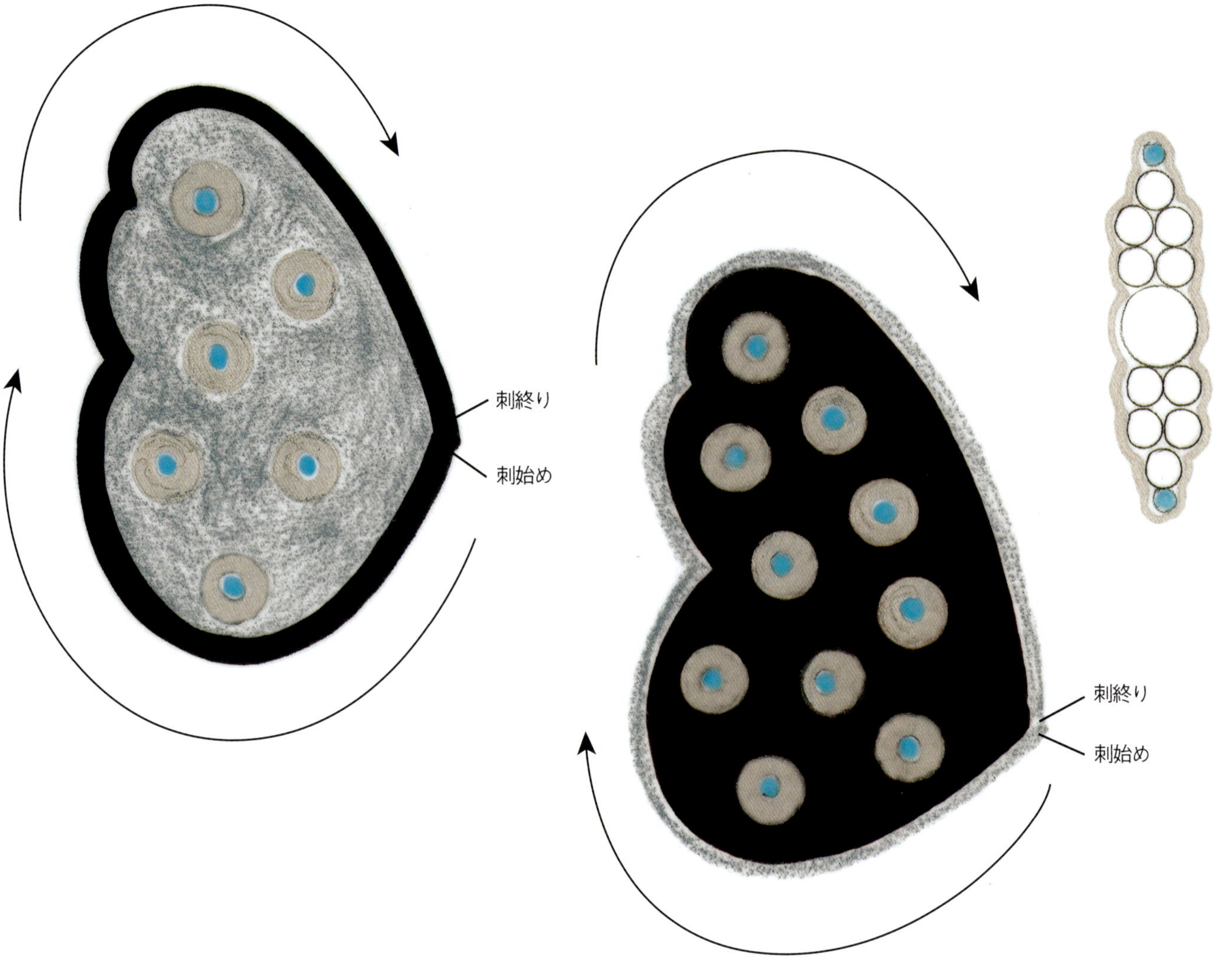

真珠色 平スパングル(3㎜)	銀色 亀甲スパングル(2㎜)	クリスタル(4㎜)	白木綿糸
黒平スパングル(3㎜)	クリスタル(2.4㎜)	クリスタル(8㎜)	黒木綿糸

刺し方順序

注：刺繍は、針を使って布の表面からします。

羽　　蝶の2枚の羽の上に斑点を作ります。斑点の輪郭は、銀色亀甲スパングルを重ねてつけます。中心は2.4㎜クリスタルをとめます。

1枚めの羽　　羽の輪郭にそって黒平スパングルを重ねてつけます。斑点のまわりにそって、羽の内側を埋めつくすように真珠色平スパングルを重ねてつけます。

2枚めの羽　　羽の輪郭にそって真珠色平スパングルを重ねてつけます。斑点のまわりにそって、羽の内側を埋めつくすように黒平スパングルを重ねてつけます。

胴体　　刺し方図に従って大中小のクリスタルをとめます。クリスタルのまわりに銀色亀甲スパングルをつけます。

つかったステッチ

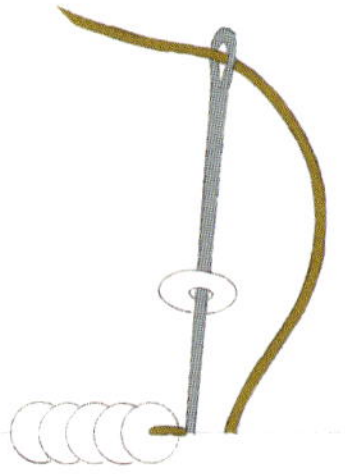

平スパングルを重ねてつける

クリスタルをつける

仕立て方

提案生地：表布は白いオーガンディ、裏は黒い革

1. 羽と胴体の輪郭から5㎜外側の位置で表布と革をカットします。

2. 表布の周囲を裏面に折り、小さな針目でかがります。

3. 2枚めの羽の革に、ブローチのとめ金を通す切込みを2か所入れ、とめ金をつけます。刺繡した羽2枚と胴体の裏面に布用の接着剤をつけ、それぞれ革の裏面に接着します。接着剤がよく乾いたら、まわりの余分な革を切り取ります。

4. 蝶の形になるように、2枚の羽を重ねて縫いとめ、最後に胴体を縫いつけます。

図案とパターン（実物大）

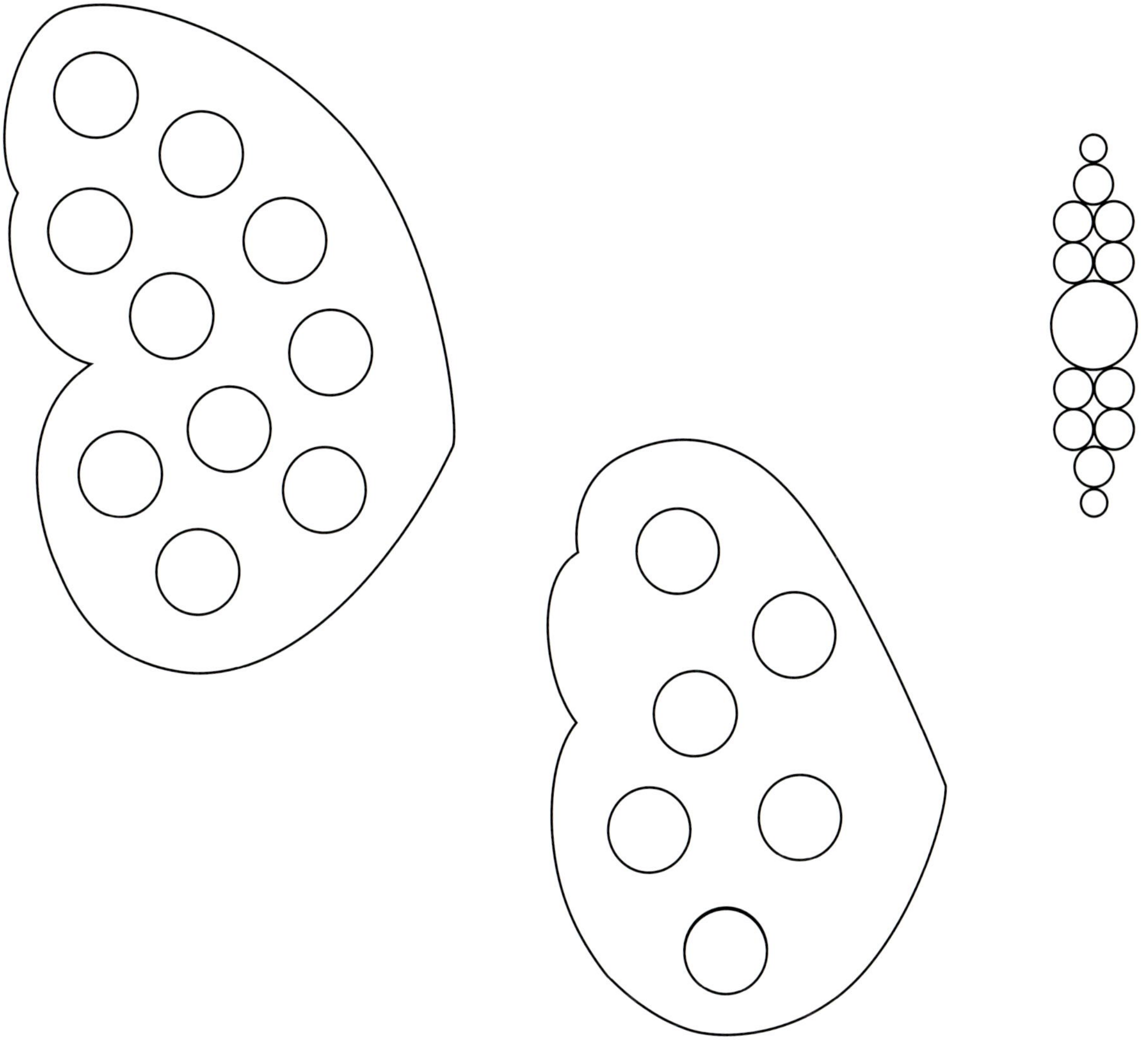

水玉模様のストール

材料

- 黒亀甲スパングル（5㎜）
- 黒亀甲スパングル（6㎜）
- 黒亀甲スパングル（8㎜）
- 黒爪つきダイヤ
- 黒ダイヤ（3㎜）
- 黒ダイヤ（4㎜）
- 黒ダイヤ（5㎜）
- 黒ダイヤ（6㎜）
- 黒チュール
- 黒オーガンディ
- 黒木綿糸
- 黒ポリエステル糸
- 黒平スパングル（3㎜）

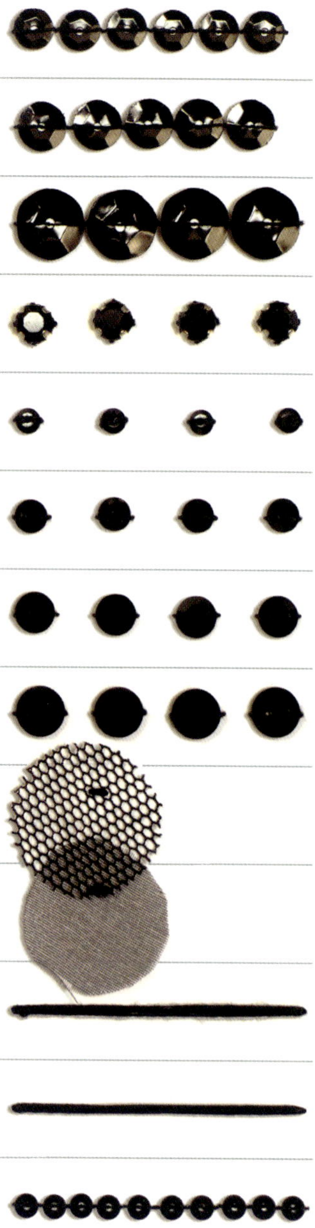

- 黒平スパングル（4㎜）
- 黒平スパングル（5㎜）
- 黒平スパングル（6㎜）
- 黒平スパングル（8㎜）
- 黒平スパングル（10㎜）
- 黒平スパングル（18㎜）
- 黒つや消し平スパングル（3㎜）
- 黒つや消し平スパングル（4㎜）
- 黒つや消し平スパングル（5㎜）
- 黒つや消し平スパングル（6㎜）
- 黒つや消し平スパングル（8㎜）
- 黒つや消し平スパングル（10㎜）
- 黒つや消し平スパングル（18㎜）

刺し方図

- 黒亀甲スパングル(5mm)
- 黒亀甲スパングル(6mm)
- 黒亀甲スパングル(8mm)
- 黒爪つきダイヤ
- 黒ダイヤ(3mm)
- 黒ダイヤ(4mm)
- 黒ダイヤ(5mm)
- 黒ダイヤ(6mm)
- 黒チュール
- 黒オーガンディ
- 黒木綿糸
- 黒ポリエステル糸
- 黒平スパングル(3mm)
- 黒平スパングル(4mm)
- 黒平スパングル(5mm)
- 黒平スパングル(6mm)
- 黒平スパングル(8mm)
- 黒平スパングル(10mm)
- 黒平スパングル(18mm)
- 黒つや消し平スパングル(3mm)
- 黒つや消し平スパングル(4mm)
- 黒つや消し平スパングル(5mm)
- 黒つや消し平スパングル(6mm)
- 黒つや消し平スパングル(8mm)
- 黒つや消し平スパングル(10mm)
- 黒つや消し平スパングル(18mm)

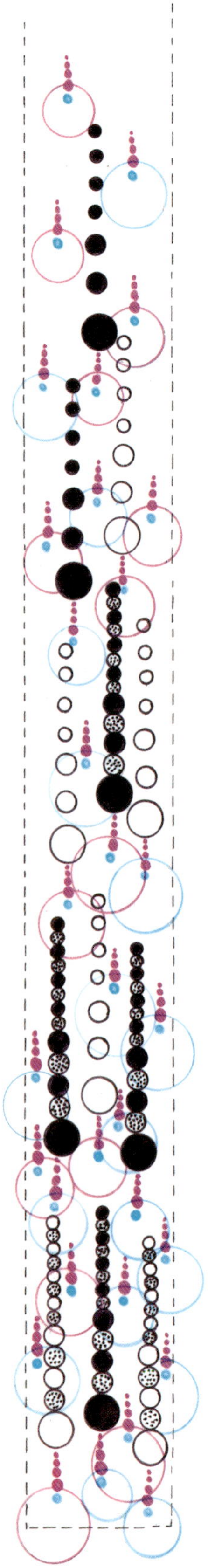

刺し方順序

注：刺繍は、針を使って布の表面からします。
提案生地：黒いオーガンディ、黒い木綿チュール

1. いろいろな大きさの円を黒のチュールとオーガンディから切り抜きます。刺し方図に従いながら、それをストールにピンでとめます。

2. 黒爪つきダイヤを**1**の円形布にそっと縫いつけます。
続けて黒ダイヤを、大きさを順に小さくしながら4個縫いつけます。

3. 刺し方図に従いながら、光沢のある、またつや消しの平スパングルをそれぞれ、大きさを順に小さくしながら間隔をあけて7個縫いつけます。平スパングルと平スパングルの間に、亀甲スパングルの凸面を出して大きさを順に小さくしながらとめます。

つかったステッチ

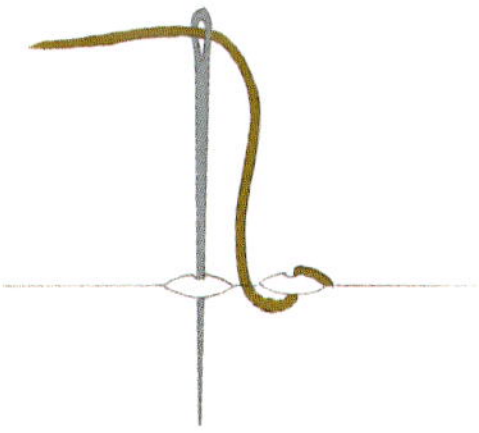

平スパングル、亀甲スパングル、ダイヤを細かく刺す

宝石類をとめる

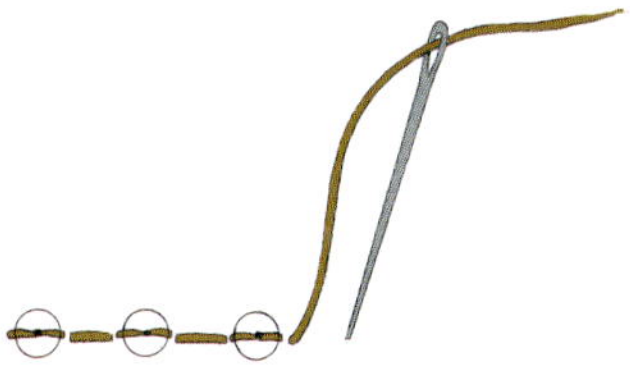

平スパングルと平スパングルの間を大きな針目で刺す

携帯電話ケース

材料

金色ビーズ	
黒つや消し 丸小ビーズ	
ブロンズ色ビーズ	
銀色 メタリックビーズ	
黄色角形宝石(小)	
黄色角形宝石(大)	
茶褐色クリスタル	
アメシスト	
シャトル形 アメシスト	
シャトル形 クリスタル	
紫角形宝石	
黒オリーブ形宝石	
グレー角形宝石	
青半月形宝石	
黒木綿糸	
黒ポリエステル糸	
グレー ポリエステル糸	
紫ポリエステル糸	
黒角形宝石	

刺し方図

- 金色ビーズ
- 黒つや消し丸小ビーズ
- ブロンズ色ビーズ
- 銀色メタリックビーズ
- 黄色角形宝石（小）
- 黄色角形宝石（大）
- 茶褐色クリスタル
- アメシスト
- シャトル形アメシスト
- シャトル形クリスタル
- 紫角形宝石
- 黒オリーブ形宝石
- グレー角形宝石
- 青半月形宝石
- 黒木綿糸
- 黒ポリエステル糸
- グレーポリエステル糸
- 紫ポリエステル糸
- 黒角形宝石

刺し方順序

注：刺繍は、針を使って布の表面からします。

1. 黒ビーズを1個ずつ一列に並べて携帯電話ケースの上部(3列)、下部(2列)と底(10列)に縫いとめます。

2. 次にビーズを横に刺す、上部9列と下部5列の部分は刺し方図に従って、あらかじめ各種の宝石を縫いとめておきます。ビーズは上部から順番に黒、ブロンズ、金色、黒と9列になるまで、宝石の形にそわせて、段々にとめます。ケースの下部の5列も同じように刺します。

3. 残りの部分に、刺し方図に従って四方八方に大きな針目であらゆる色のビーズを一つずつつけます。

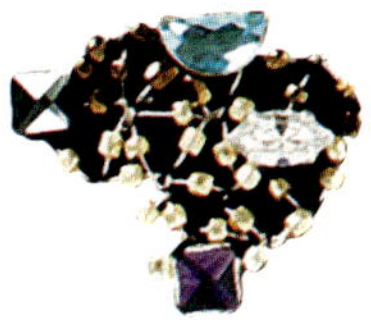

4. **3**のビーズの上から刺し方図に従って、各種の宝石を縫いとめます。角形宝石は小さな針目でとめます。

つかったステッチ

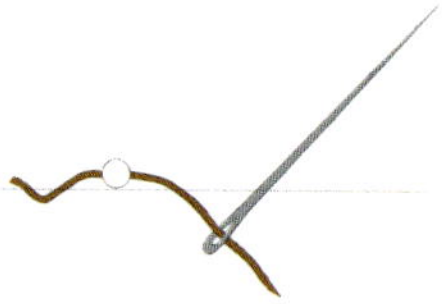

大きな針目でビーズをとめる

爪つきの宝石をとめる

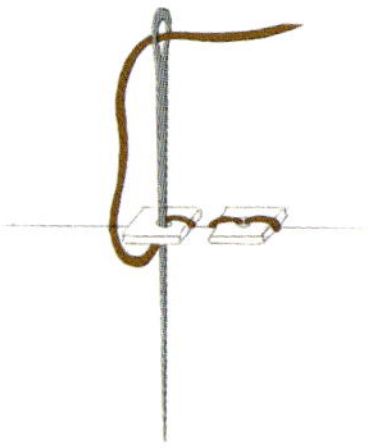

角形宝石を小さい針目でとめる

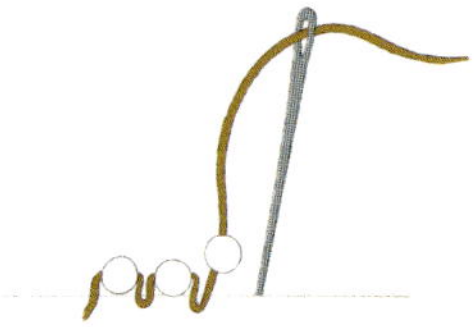

ビーズを線状にとめる

宝石をとめる

仕立て方

提案生地：表布は黒いベルベット、裏布はサテン、リボンはサテン

1. 表布をパターンの外側線で裁断します。

2. 裏布をパターンの外側線で裁断します。

3. わたをパターンの内側線で裁断します。

4. 表布の上部を1cm内側に折ります。両端は1cmずつ折り残します。

5. 裏布の上部を1cm内側に折ります。両端は1cmずつ折り残します。

6. 表布の裏面にわたを折り目から1mm控えてのせ、周囲を小さな針目でかがるか、のりでつけます。

7. 表布の両側を中表に合わせて縫い、縫い代を割ります。

8. 表布の上部の縫い代を整えます。

9. 表布の底を中表に縫い、縫い代を割ります。

10. 裏布の両側を中表に合わせて縫い、縫い代を割ります。裏布の上部の縫い代を整えます。

11. 裏布の底を中表に縫い、縫い代を割ります。

12. 表布の袋を表に返します。

13. 表布の袋に裏布の袋を入れ、口を整えます。

14. 両サイドにリボンをつけ、裏布と表布の口を合わせてまつり、仕上げます。

パターン（154％に拡大して使用）

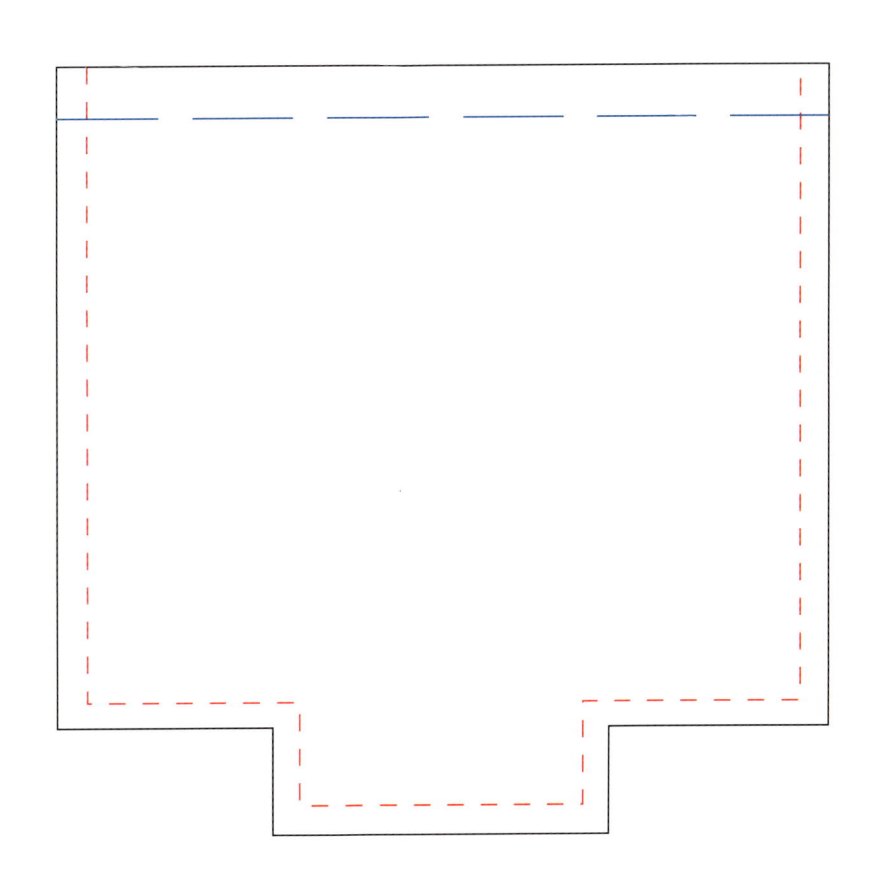

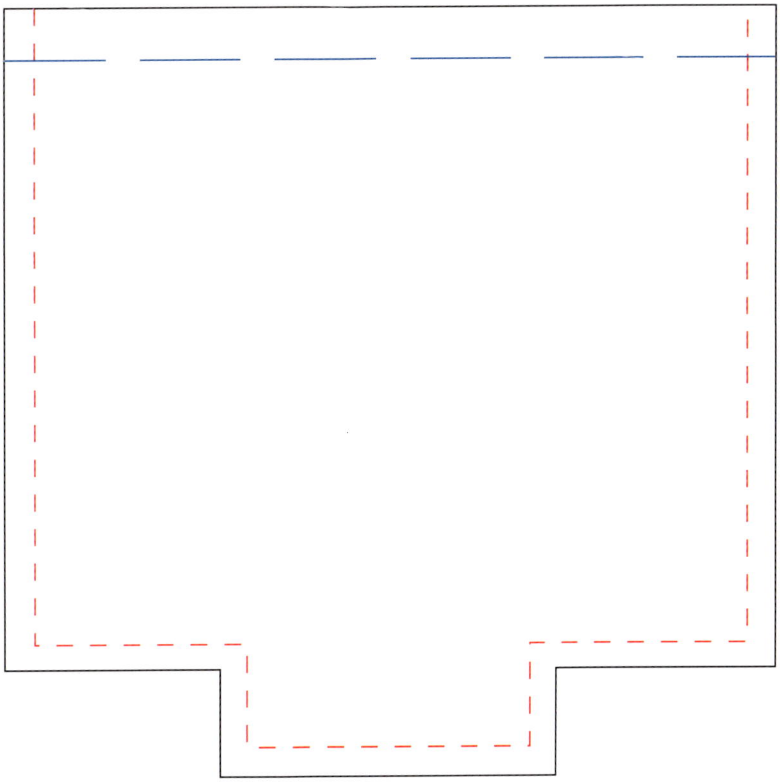

図案（154％に拡大して使用）

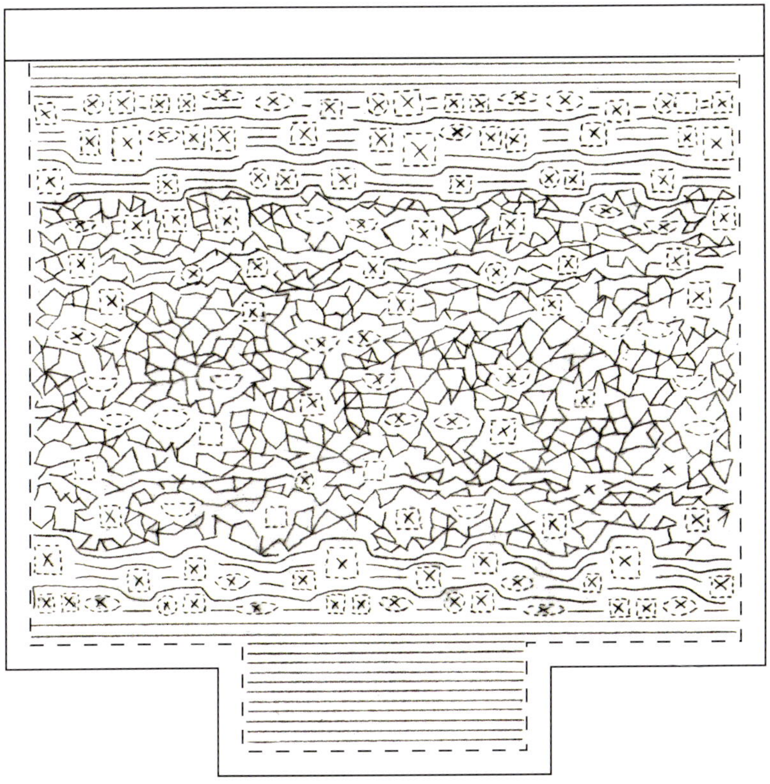

うろこ模様のショッピングバッグ

材料

黒平スパングル（4㎜）

鉄灰色平スパングル（4㎜）

黒つや消し平スパングル（6㎜）

黒平スパングル（6㎜）

鉄灰色つや消し平スパングル（6㎜）

鉄灰色つや消し平スパングル（8㎜）

黒平スパングル（10㎜）
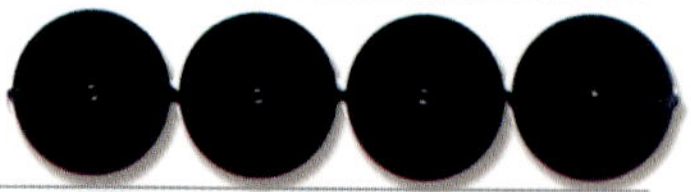

鉄灰色つや消し平スパングル（12㎜）
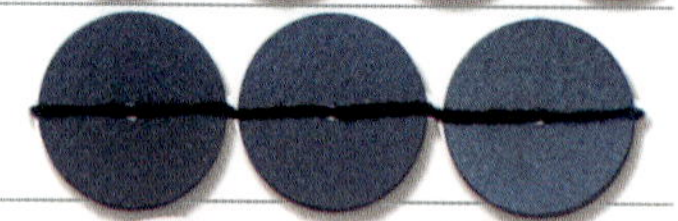

黒平スパングル（18㎜）
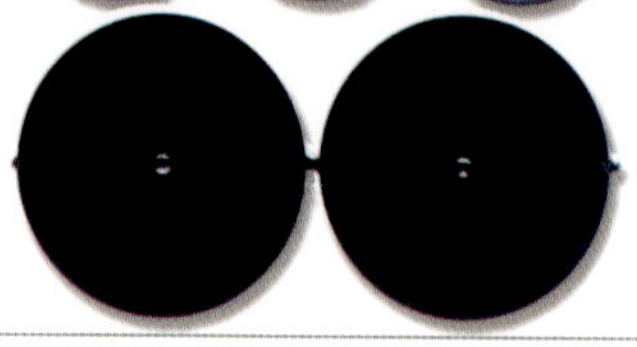

黒つや消し丸小ビーズ

黒ビーズ

黒ダイヤ（4㎜）

黒ダイヤ（5㎜）

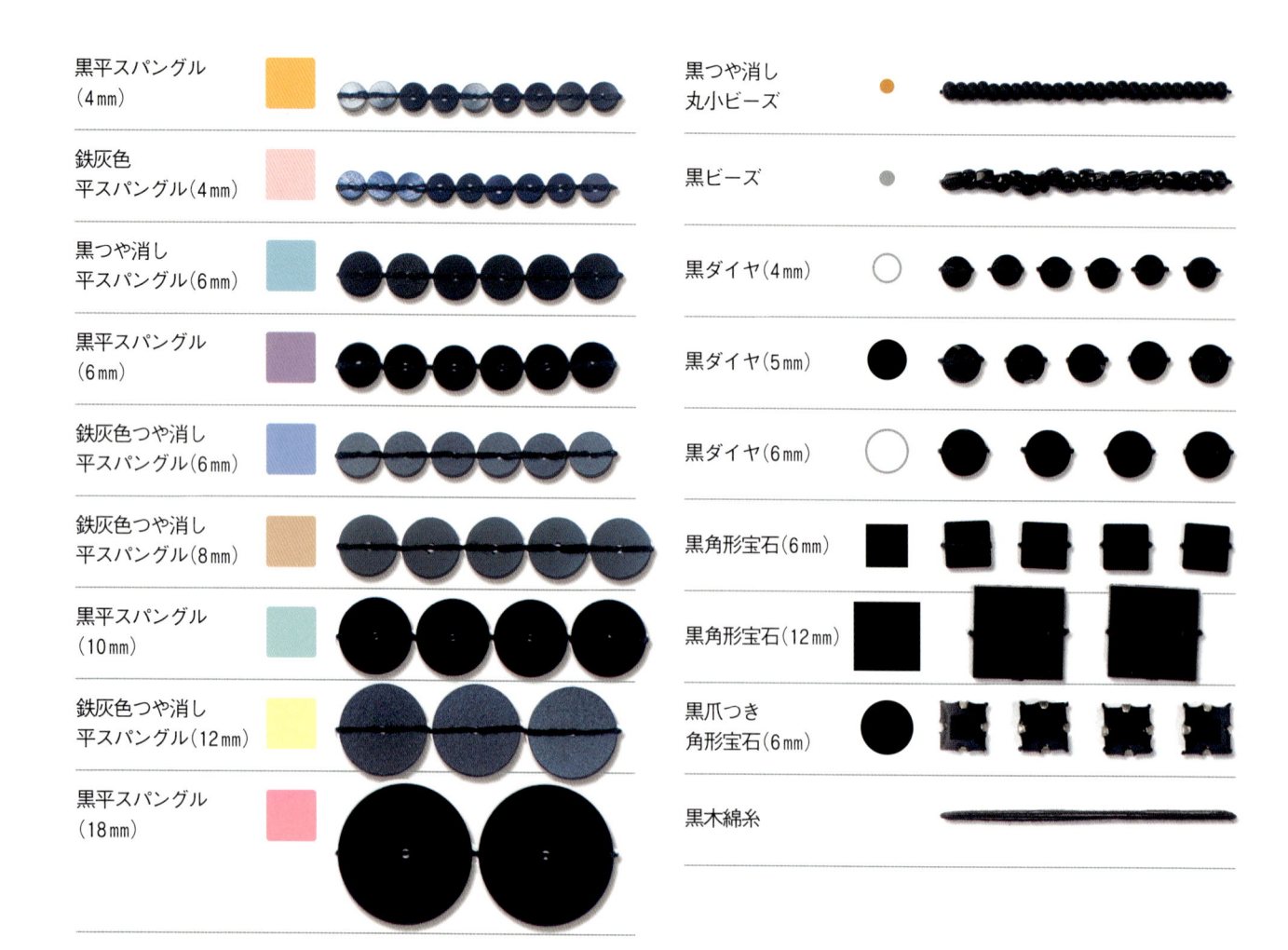

黒ダイヤ（6㎜）

黒角形宝石（6㎜）
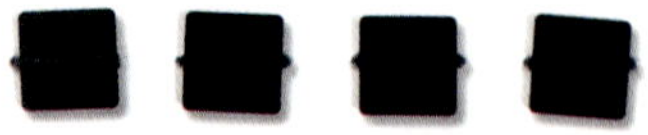

黒角形宝石（12㎜）
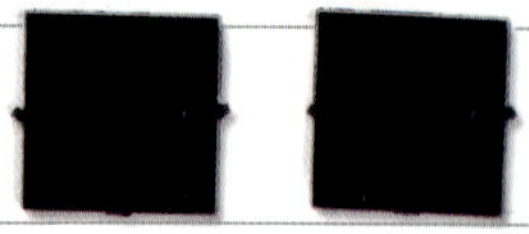

黒爪つき角形宝石（6㎜）

黒木綿糸

刺し方図

後ろ側

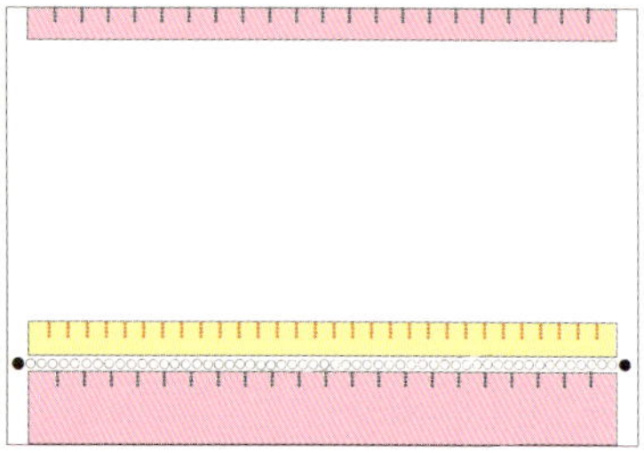

持ち手

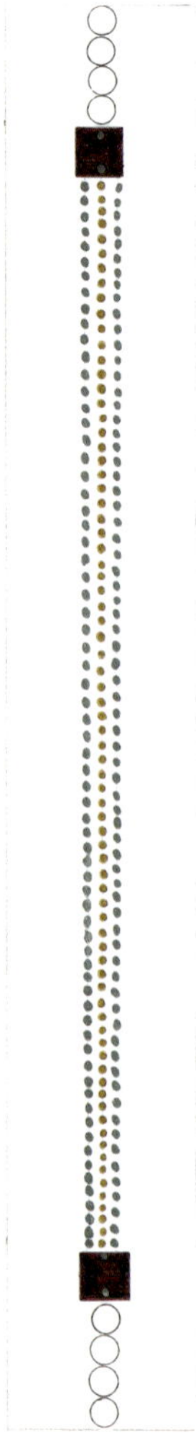

前側

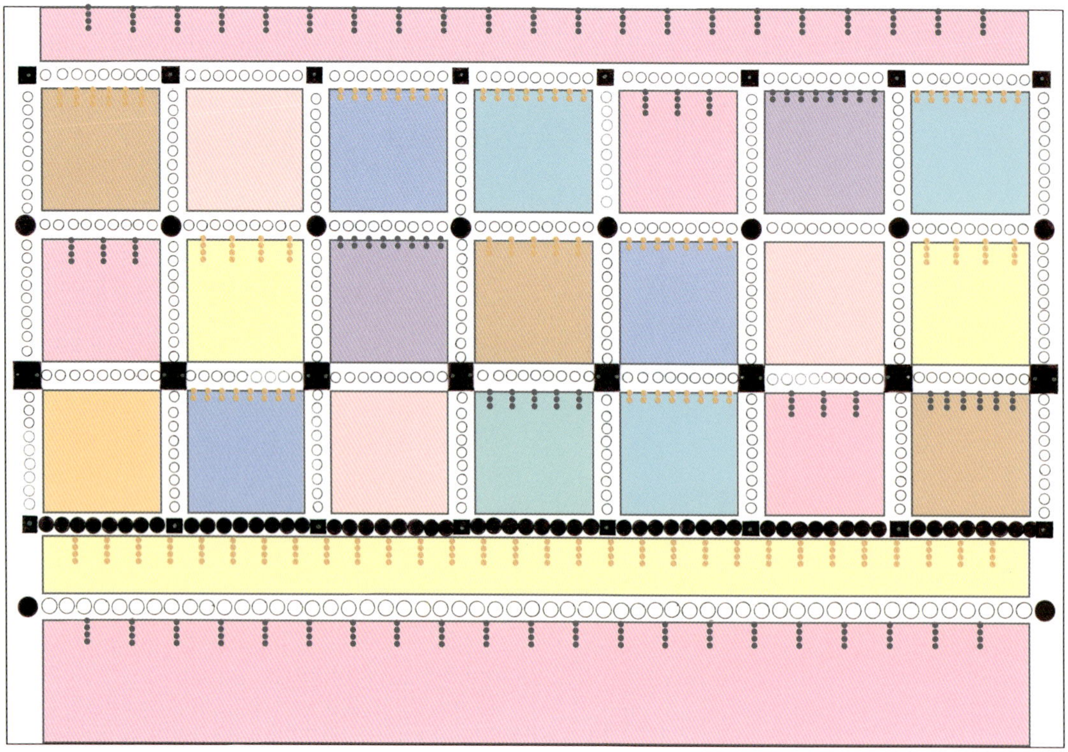

黒平スパングル（4㎜）	鉄灰色つや消し平スパングル（8㎜）	黒ビーズ	
鉄灰色平スパングル（4㎜）	黒平スパングル（10㎜）	黒ダイヤ（4㎜）	
黒つや消し平スパングル（6㎜）	鉄灰色つや消し平スパングル（12㎜）	黒ダイヤ（5㎜）	黒角形宝石（12㎜）
黒平スパングル（6㎜）	黒平スパングル（18㎜）	黒ダイヤ（6㎜）	黒爪つき角形宝石（6㎜）
鉄灰色つや消し平スパングル（6㎜）	黒つや消し丸小ビーズ	黒角形宝石（6㎜）	黒木綿糸

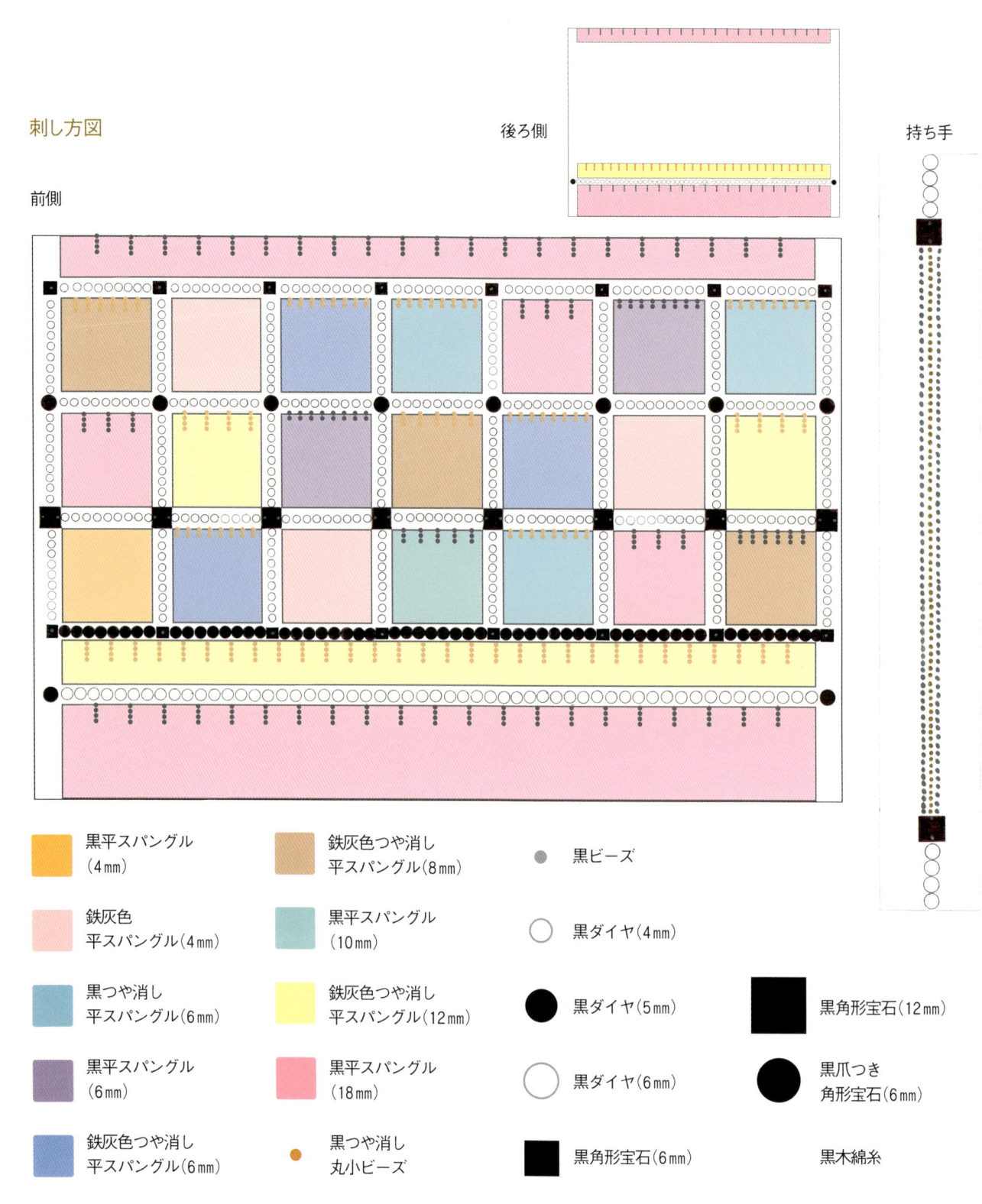

刺し方順序

注：刺繍は、針を使って布の表面からします。

バッグの前側

1.　刺し方図に示されているそれぞれの正方形の上に、うろこ模様に各種の平スパングルをとめます。
18㎜と12㎜の平スパングルを使って、上部と下部の帯状部分をうろこ模様に刺します。

2.　**1**で刺した平スパングルの、いちばん上になる列に、それぞれの中心に黒ビーズ、または黒つや消しビーズを大きな針目でとめます。

3.　刺し方図の正方形と帯状部分の角に、2種の角形宝石を黒ビーズでとめます。爪つき角形宝石もとめます。

4.　刺し方図に従い、さまざまな大きさのダイヤを小さな針目でとめます。

バッグの後ろ側

1. 上部と下部の帯状部分に18㎜と12㎜のスパングルをうろこ模様にとめます。

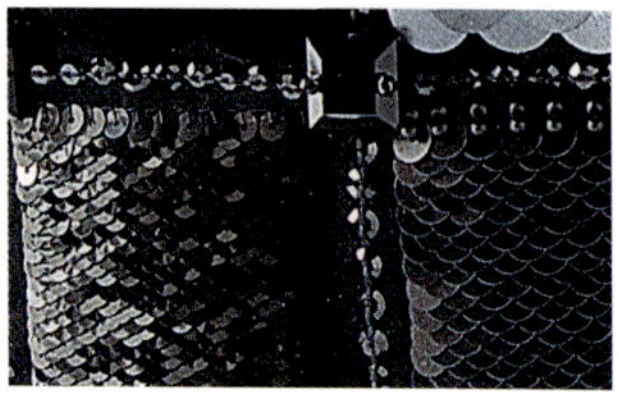

2. **1**のスパングルのいちばん上になる列に、それぞれの中心に黒ビーズ、または黒つや消しビーズを大きな針目でとめます。
位置と数については刺し方図を参照してください。

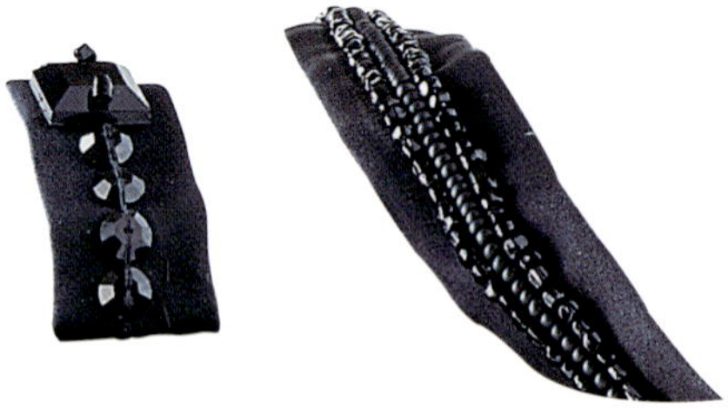

バッグの持ち手

持ち手の根もとになる部分の中心部に、小さな針目で6㎜のダイヤを4個とめます。
12㎜の角形宝石を黒ビーズでとめます。
持ち手の残り部分には、幅の中心に黒つや消しビーズを1列、その両側に黒ビーズを1列ずつとめます。

つかったステッチ

スパングルをうろこ模様にとめる

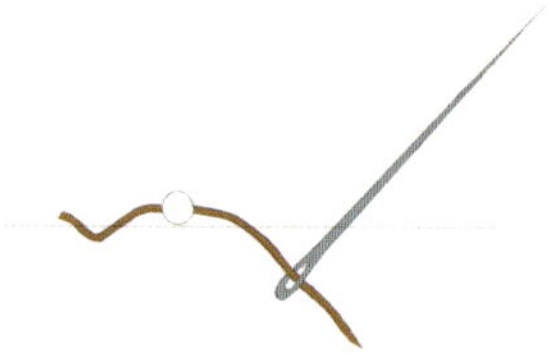

ビーズを大きな針目でとめる

宝石類をとめる

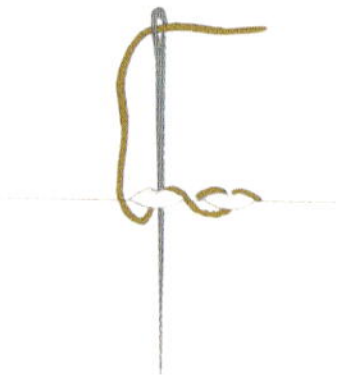

ダイヤを小さな針目でとめる

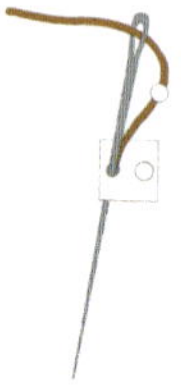

角形宝石を2個のビーズでとめる

角形宝石を1個のビーズでとめる

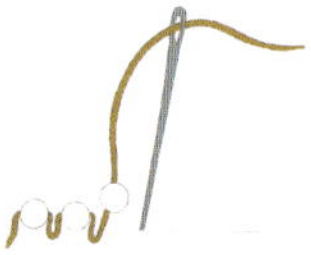

ビーズを線状にとめる

仕立て方

提案生地：表布は黒いサテン、裏布はサテン、接着芯

1.　パターンの外側の線で材料を切ります。

2.　アイロンを使って、裏布の脇まち2か所の裏面に、接着芯をはります。

3.　表布と裏布の側面の縫い代を折ります。

4.　裏布を組み立てます。脇まち＋底を側面に合わせます。
パターンに示されている印(切込み)を合わせて縫います。

5.　表布の2枚の側面の裏面に、四隅(×印)にのりをつけたわたをそれぞれ置きます。さらに補強のために側面上部の芯を、パターンに示したように縁の3辺に3㎜幅にのりをつけ、口側にのせます。

6.　持ち手を作ります。持ち手の表布を中表に細長く半分に折って長い辺を縫い、裏返してアイロンをかけます。縫い目は幅の中央になるよう整えます。

7.　サテン、または革製のリボンを用意して、持ち手の長さに合わせて三つ編みにします。

8.　持ち手の縫い目を隠すように、**7**の三つ編みをとめます。

9.　表布の側面の裏面に、パターンの印(青い点)の位置に持ち手をとめ、しっかりと縫いつけます。

10.　持ち手をつけた部分を丈夫にするための、当て布をつけます。
まず、当て布の表布にそれぞれ接着芯をアイロンではり、周囲の縫い代を折ります。さらに二つに折ります。

11.　持ち手の端にのせ、当て布の周囲を縫います。

12.　表布の側面と脇まち＋底をパターンに示されている印を合わせて縫い合わせ、表に返します。

13.　**12**の表布のバッグの中に**4**の裏布のバッグを入れ、まちと口側の縁をのりづけします。

14.　ファスナーをつける口側まちを作ります。
口側まちの表布と裏布各2枚の裏に接着芯をはります。
縫い代を折って表布2枚の間にファスナーを置き、のりでつけます。

15.　のりづけした部分にミシンをかけます。

16.　表布と裏布の口側まち布のカーブ側を中表に合わせ、縫い合わせます。

17.　口側まち布を表に返し、バッグの口側に縫いつけます。裏布のファスナー側は、まつります。

18.　仕切りを作ります。仕切りの表布に接着芯をはります。パターンのピンクの×印を合わせて厚紙をはります。
縫い代を折り、厚紙の大きさで二つに折って、周囲を縫います。

19.　できた仕切りをバッグの中に入れます。

20.　底敷きを作ります。底敷きの表布にそれぞれ接着芯をはります。1枚には接着芯の上から厚紙をはります。縫い代を折り、2枚をはり合わせ、周囲を縫います。

21.　底敷きをバッグの底に入れます。

パターン(500％に拡大して使用)

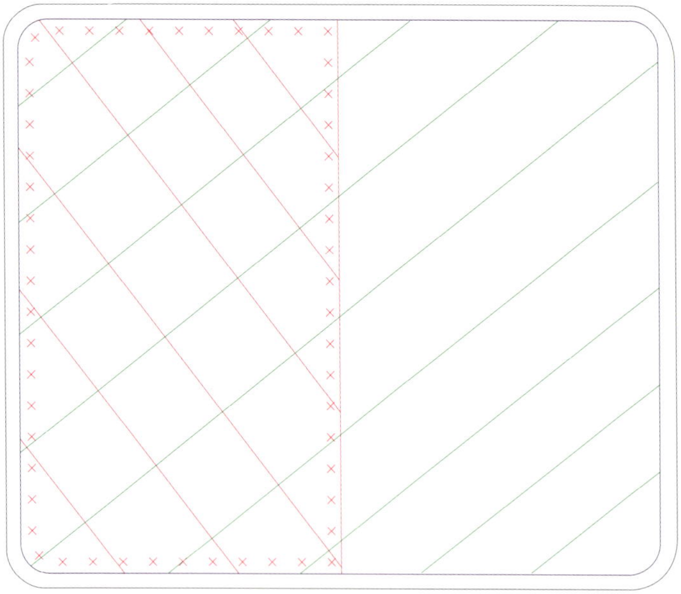

仕切り(表布1枚)

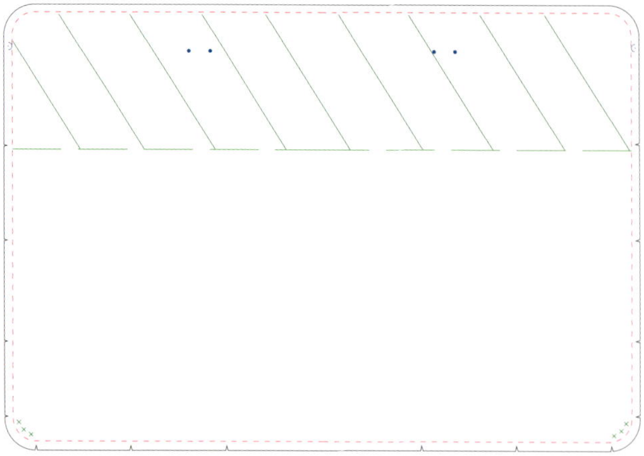

側面(表布2枚、裏布2枚)

口側まち(接着芯4枚)

側面用のわた(2枚)

仕切り(接着芯1枚)

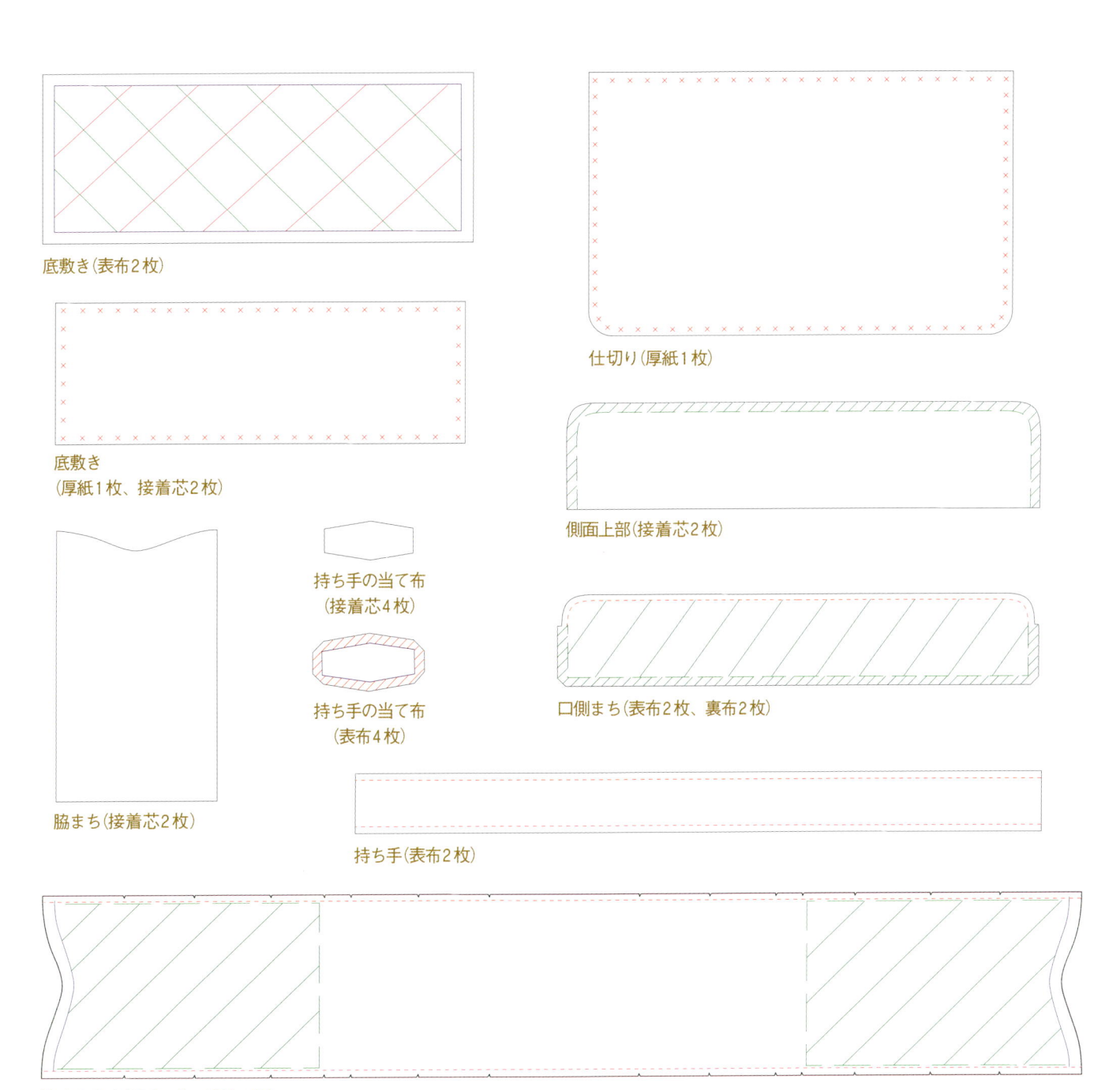

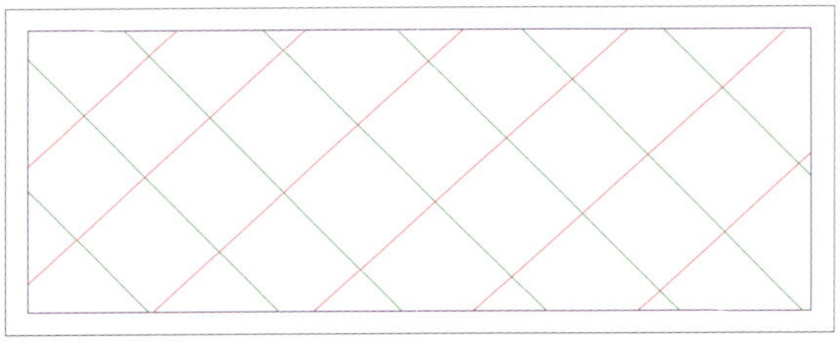
底敷き(表布2枚)

仕切り(厚紙1枚)

底敷き
(厚紙1枚、接着芯2枚)

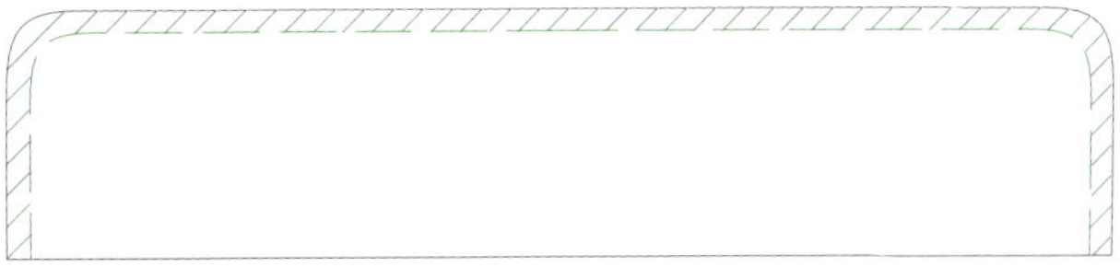
側面上部(接着芯2枚)

脇まち(接着芯2枚)

持ち手の当て布
(接着芯4枚)

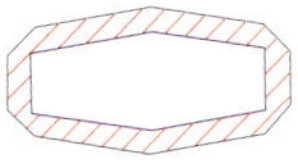
持ち手の当て布
(表布4枚)

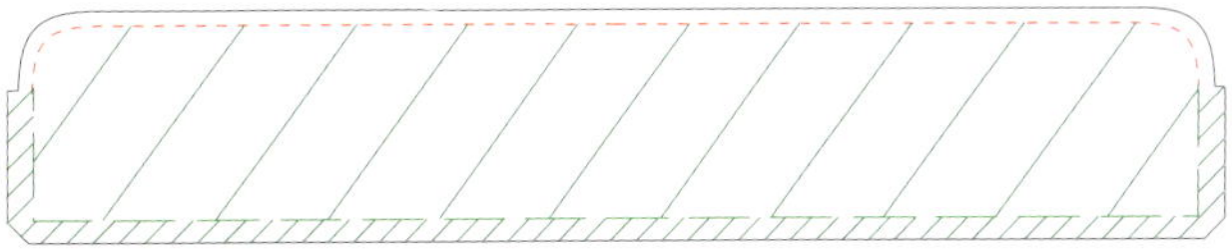
口側まち(表布2枚、裏布2枚)

持ち手(表布2枚)

脇まち十底(表布1枚、裏布1枚)

星をちりばめたポーチ

材料

銀色つや消し平スパングル（5㎜）

ダイヤ（3㎜）

銀色亀甲スパングル（2㎜）

金色ビーズ

金色平スパングル（4㎜）

黒亀甲スパングル（5㎜）

銀色つや消し平スパングル（3㎜）

鉄灰色平スパングル（5㎜）

黒つや消しビーズ

刺し方図

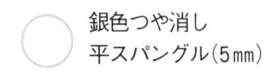

- 銀色つや消し平スパングル（5㎜）
- 金色ビーズ
- 黒亀甲スパングル（5㎜）
- 鉄灰色平スパングル（5㎜）
- ダイヤ（3㎜）
- 金色平スパングル（4㎜）
- 銀色つや消し平スパングル（3㎜）
- 黒つや消しビーズ
- 銀色亀甲スパングル（2㎜）

刺し方順序

注：刺繍は、針を使って布の表面からします。

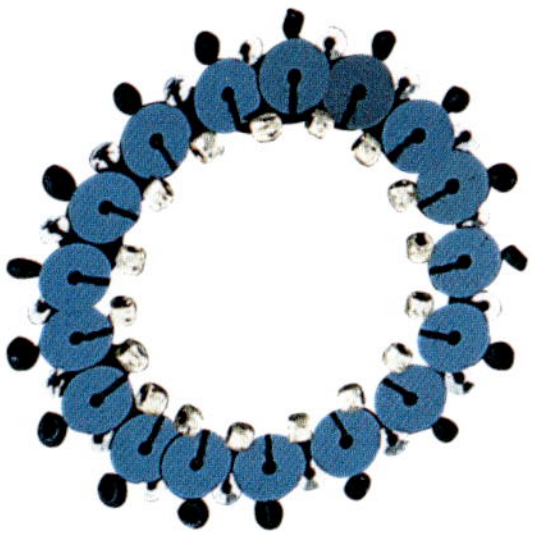

1. 刺し方図に従って、円の輪郭にそって平スパングル、または亀甲スパングルを黒の木綿糸で、1針でとめます。
刺し方図に従って、円の外側と内側にビーズや2㎜の亀甲スパングルを縫いとめます。

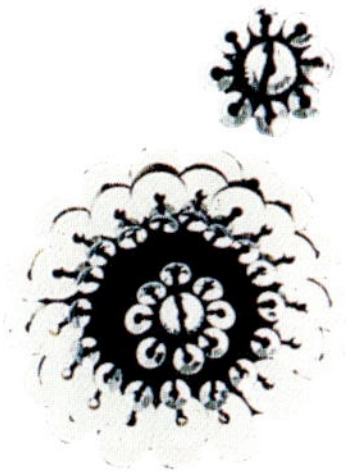

2. 各円の中心にダイヤを縫いとめます。そのダイヤのまわりに、2㎜の亀甲スパングルを8個縫いとめます。

3. 刺し方図に従って、円の中心部に向かってスパングルやビーズを刺し並べます。
最後に、ダイヤを円の外側に散らして縫いとめます。

つかったステッチ

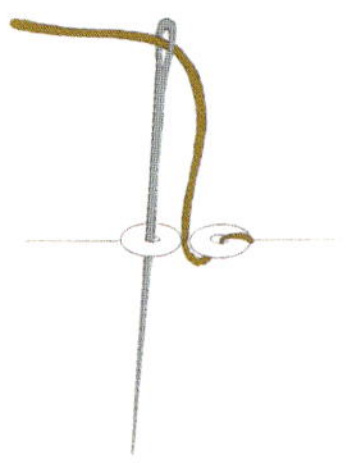

平スパングル、または亀甲スパングルをとめる

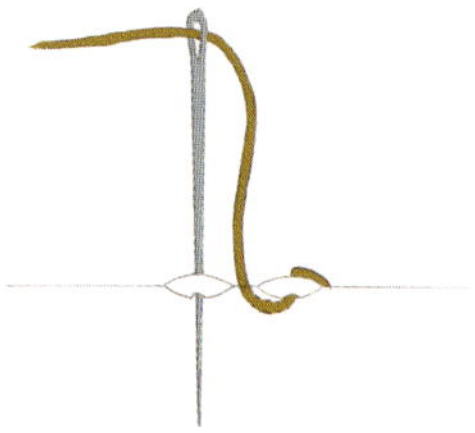

亀甲スパングルの凹面をとめる

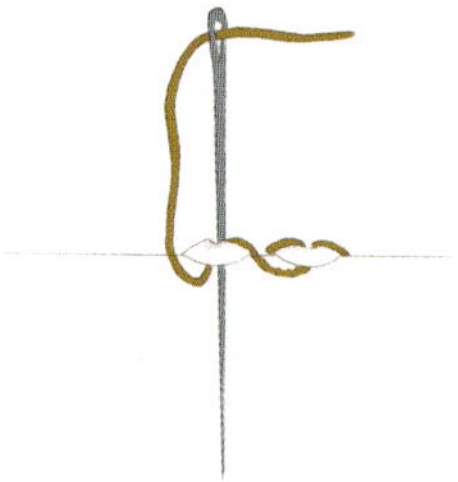

ダイヤを小さな針目でとめる

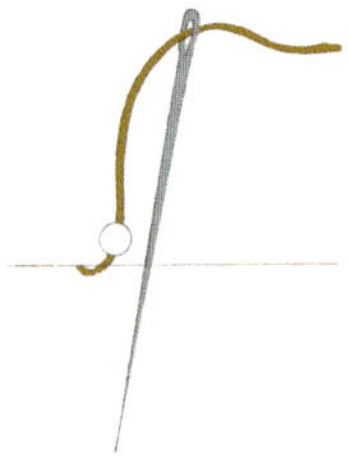

ビーズをとめる

仕立て方

提案生地：表は黒い革、裏布はサテン

1.　パターンAの外側の線で革を1枚裁断します。

2.　パターンBの外側の線で裏布を2枚裁断します。

3.　**1**の革をパターンAの青い線で切り抜き、ファスナー用の「窓」をあけます。

4.　ファスナーを革の裏面から「窓」にあてて仮どめします。

5.　「窓」の短いほうの辺を、革の表側からファスナーまで通して縫います。

6.　革の裏面に、ファスナーテープにかぶせるように1枚の裏布を裏面を上にしてのせ、仮どめします。

7.　革の表面から「窓」の長い辺の片側をファスナーテープと裏布を重ねたまま縫います。

8.　裏返して、縫い目にそって裏布を折ってアイロンで整えます。

9.　もう1枚の裏布を**6**の逆側に同様にのせて仮どめします。

10.　革の表面から「窓」の残りの長い辺を縫います。

11.　裏返して、縫い目にそって裏布を折ってアイロンで整えます。

12.　2枚の裏布を中表に合わせて周囲を縫います。

13.　革のダーツを縫います。

14.　ダーツをアイロンで中心側に倒します。

15.　革を外表に二つに折り、周囲を縫います。

16.　ファスナーのまわりの裏布を小さく返し縫いでとめます。

パターン（250％に拡大して使用）

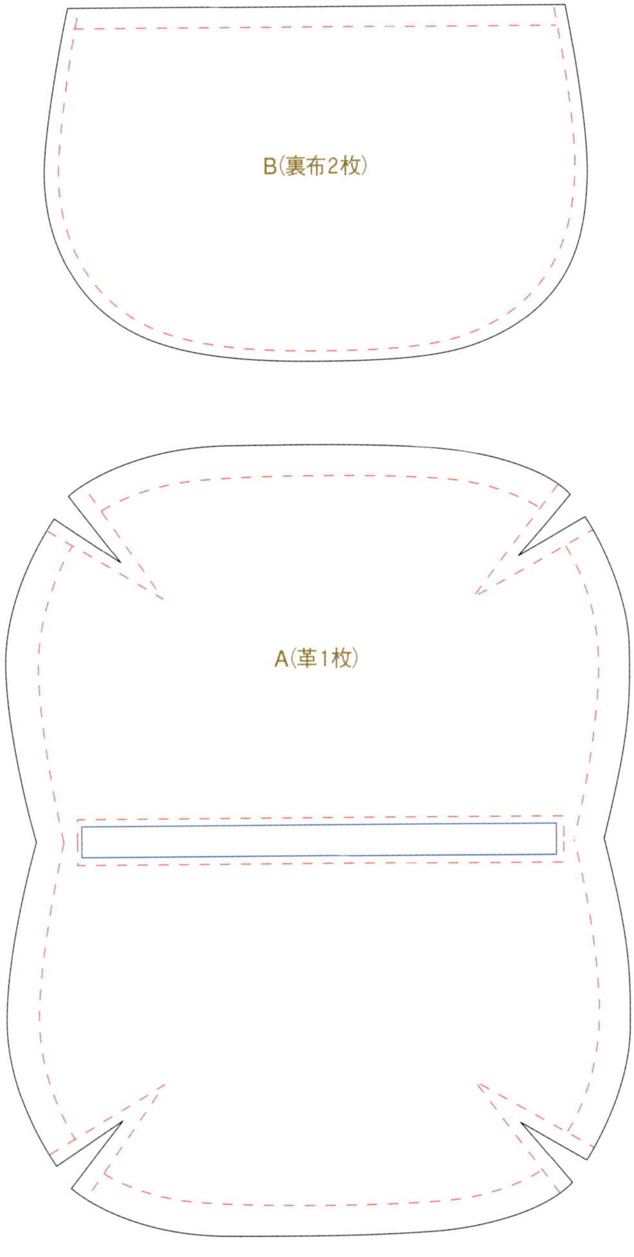

図案（250％に拡大して使用）

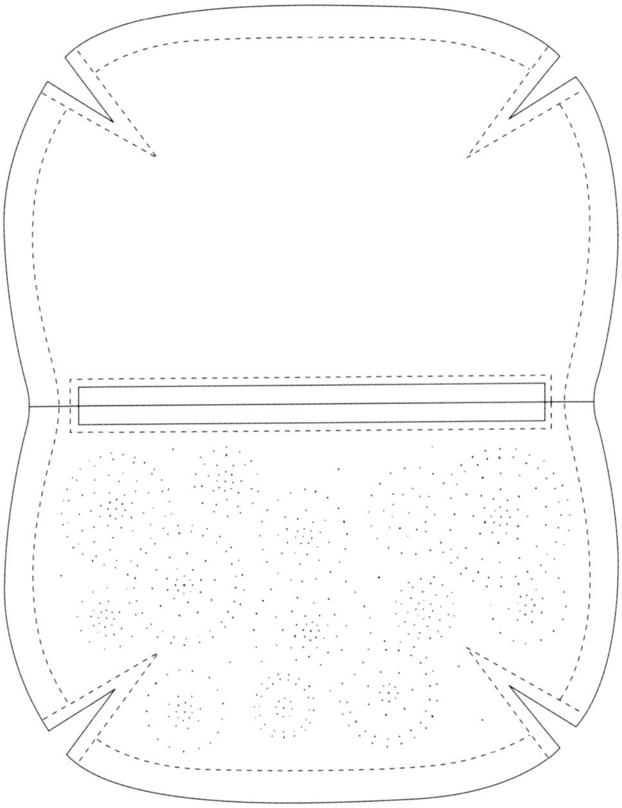

小花模様のスカーフ

材料

白パールビーズ(4mm)	
銀色小管ビーズ	
ピンク光沢亀甲スパングル(4mm)	
クリスタル光沢亀甲スパングル(5mm)	
クリスタル(3mm)	
クリスタル(4mm)	
クリスタル(8×6mm)	
ダイヤ(4mm)	
ダイヤ(5mm)	
ダイヤ(6mm)	
生成り木綿糸	

刺し方図

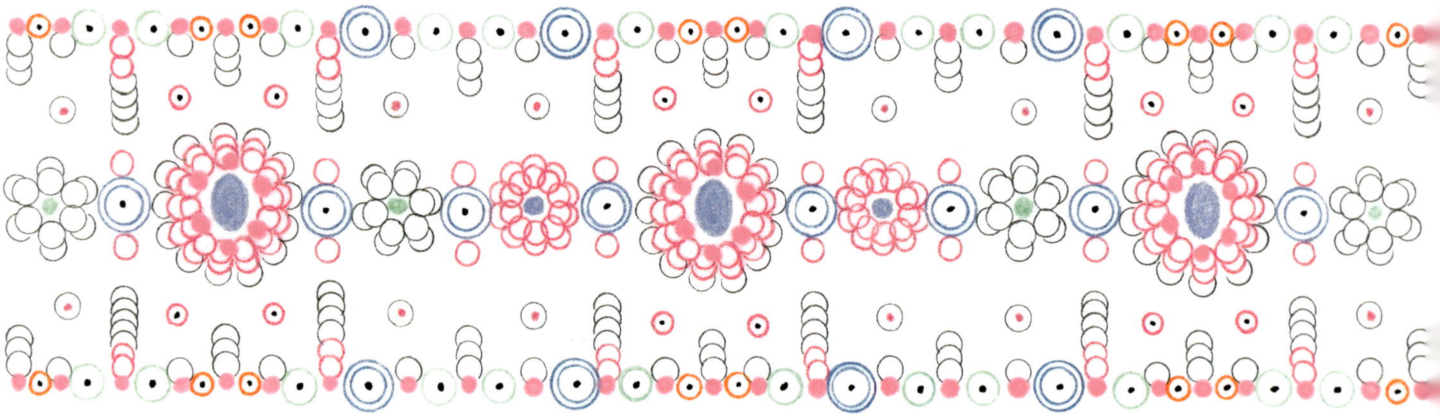

- 白パールビーズ(4㎜)
- クリスタル光沢亀甲スパングル(5㎜)
- クリスタル(8×6㎜)
- ダイヤ(6㎜)
- 銀色小管ビーズ
- クリスタル(3㎜)
- ダイヤ(4㎜)
- 生成り木綿糸
- ピンク光沢亀甲スパングル(4㎜)
- クリスタル(4㎜)
- ダイヤ(5㎜)

図案

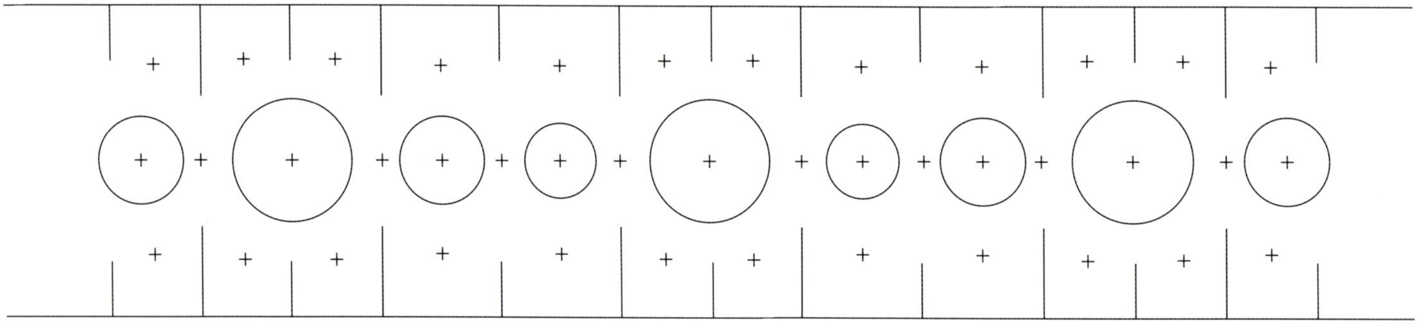

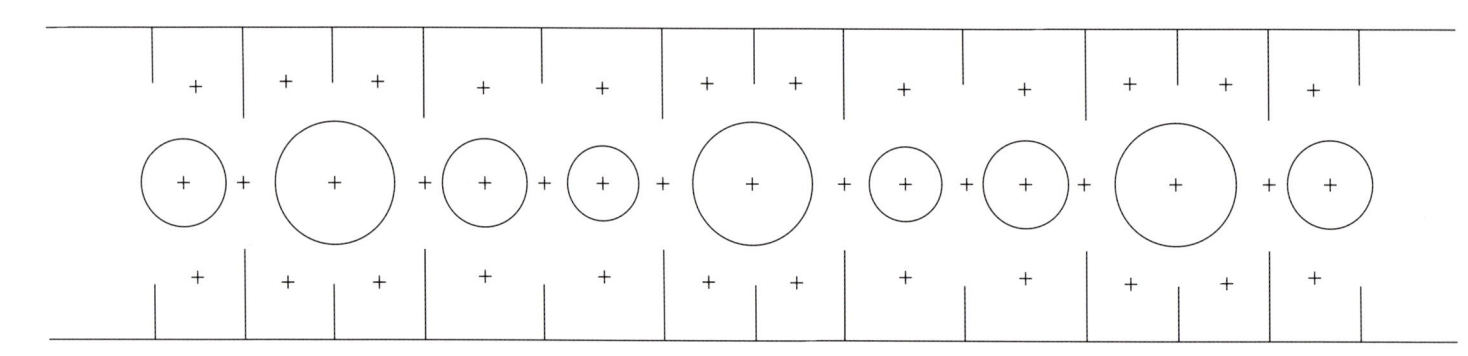

刺し方順序

注：刺繍は、針を使って布の表面からします。

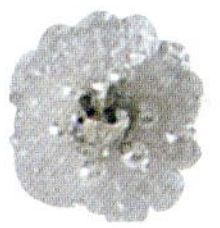

花の中心部　クリスタル3種を花の中心部に縫いとめます。

3個の大花　まず外側の列に、クリスタル亀甲スパングルを13個縫いとめます。2列めからは、ピンク光沢亀甲スパングルと白パールビーズを、中心のクリスタルに向かって重ねてとめていきます。

ピンクの小花　ピンク光沢亀甲スパングルを、外側の列に10個縫いとめ、2列めは中心のクリスタルに向かって重ねてとめていきます。

クリスタルの小花　クリスタル光沢亀甲スパングルを、外側の列に6個縫いとめ、2列めは中心にとめたクリスタルにぴったりつけてとめます。

花と花の間　ダイヤ（6㎜）を銀色小管ビーズでとめます。次に、ピンク亀甲スパングルをダイヤの上下に縫いとめます。

縁飾り　刺し方図に従って、3種のダイヤを銀色ビーズでとめます。次に、パールビーズと2種の亀甲スパングルを数個ずつ重ねて縫いとめます。

花の上下　クリスタル光沢亀甲スパングルをパールビーズでとめる、またはピンク光沢亀甲スパングルを銀色ビーズでとめる、を2個ずつ交互に繰り返します。

つかったステッチ

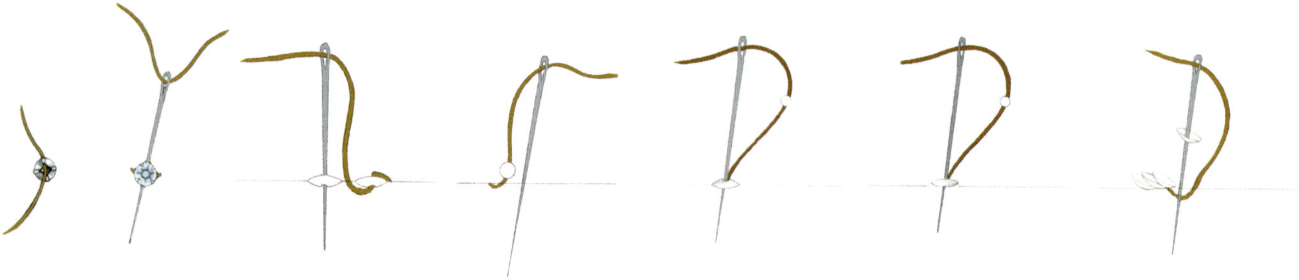

クリスタルをとめる　亀甲スパングルの凹面をとめる　ビーズをとめる　ダイヤをビーズでとめる　亀甲スパングルをビーズでとめる　亀甲スパングルを重ねてとめる

パターン（250％に拡大して使用）

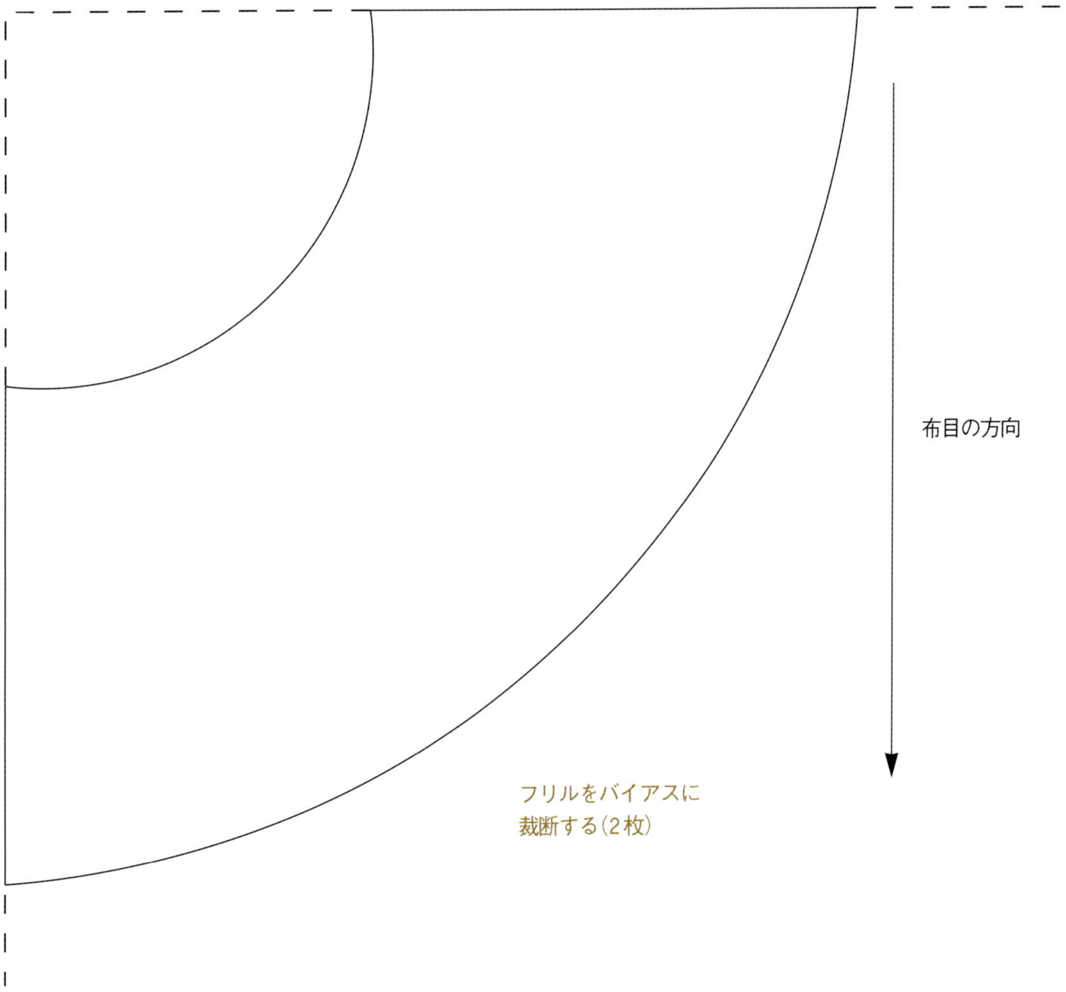

仕立て方

提案生地：シルククレープ

1.　生地を80×20㎝に1枚裁断します。

2.　パターンに従って布目が45°の正バイアスのフリルを2枚裁断します。

3.　フリルの小さいほうの弧を**1**の生地の端に縫いつけます。

4.　小さな縫い目でスカーフの回りを手、またはミシンでかがります。

キルト模様のクラッチバッグ

材料

白四角パーツ	
白亜色丸小ビーズ	
銀色小管ビーズ	
真珠色10弁花パーツ	
銀色クリスタルパーツ	
銀色金属4弁花パーツ	
真珠色5弁花パーツ	
真珠パーツ	
銀色金属輪パーツ	
真珠色車輪形スパングル(4㎜)	
銀色車輪形スパングル(4㎜)	
DMC25番刺繍糸の銀色	

刺し方図

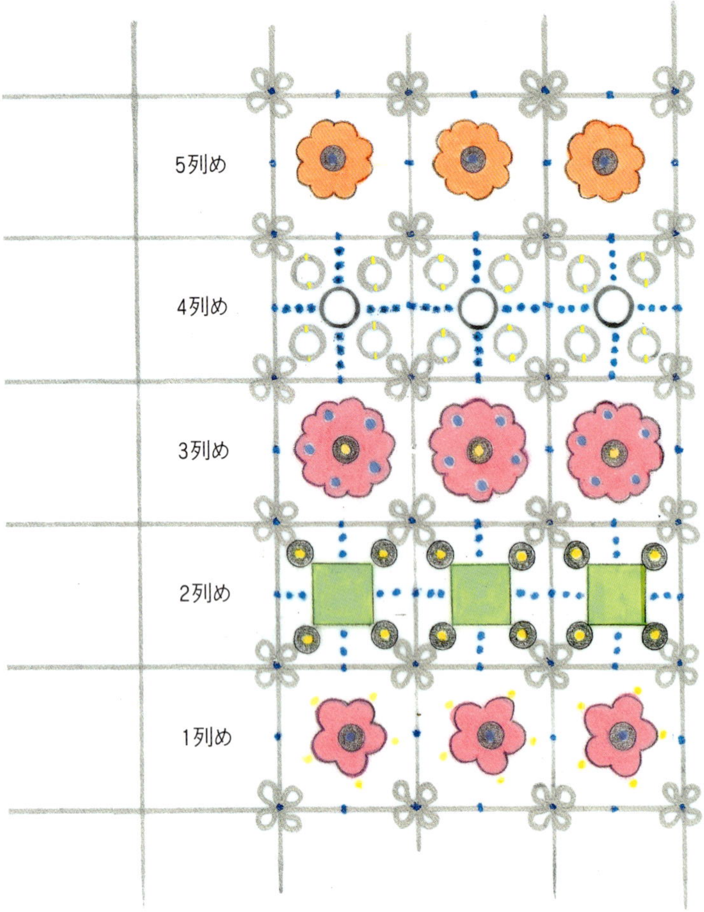

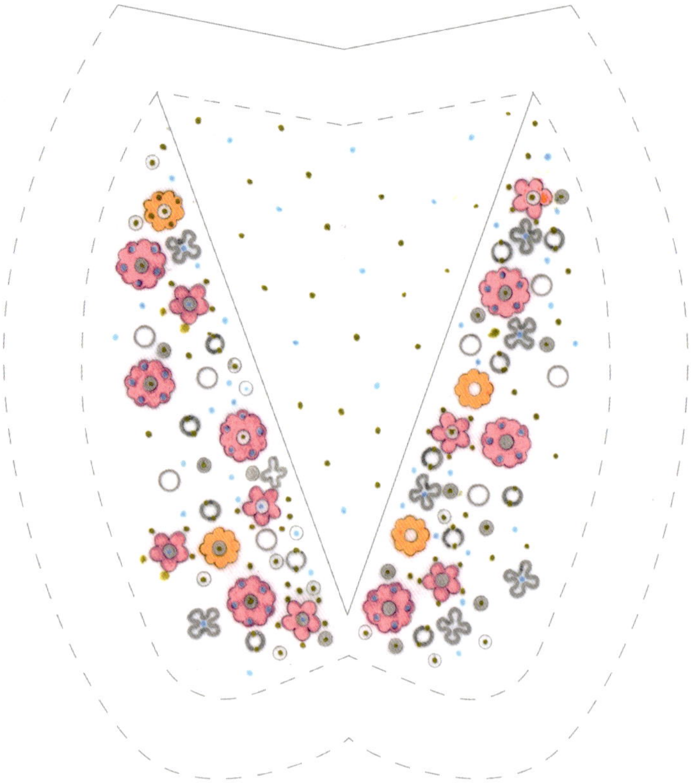

まち

白四角パーツ	真珠色10弁花パーツ
真珠色5弁花パーツ	真珠色車輪形スパングル（4㎜）
白亜色丸小ビーズ	銀色クリスタルパーツ
真珠パーツ	銀色車輪形スパングル（4㎜）
銀色小管ビーズ	銀色金属4弁花パーツ
銀色金属輪パーツ	DMC25番刺繍糸の銀色

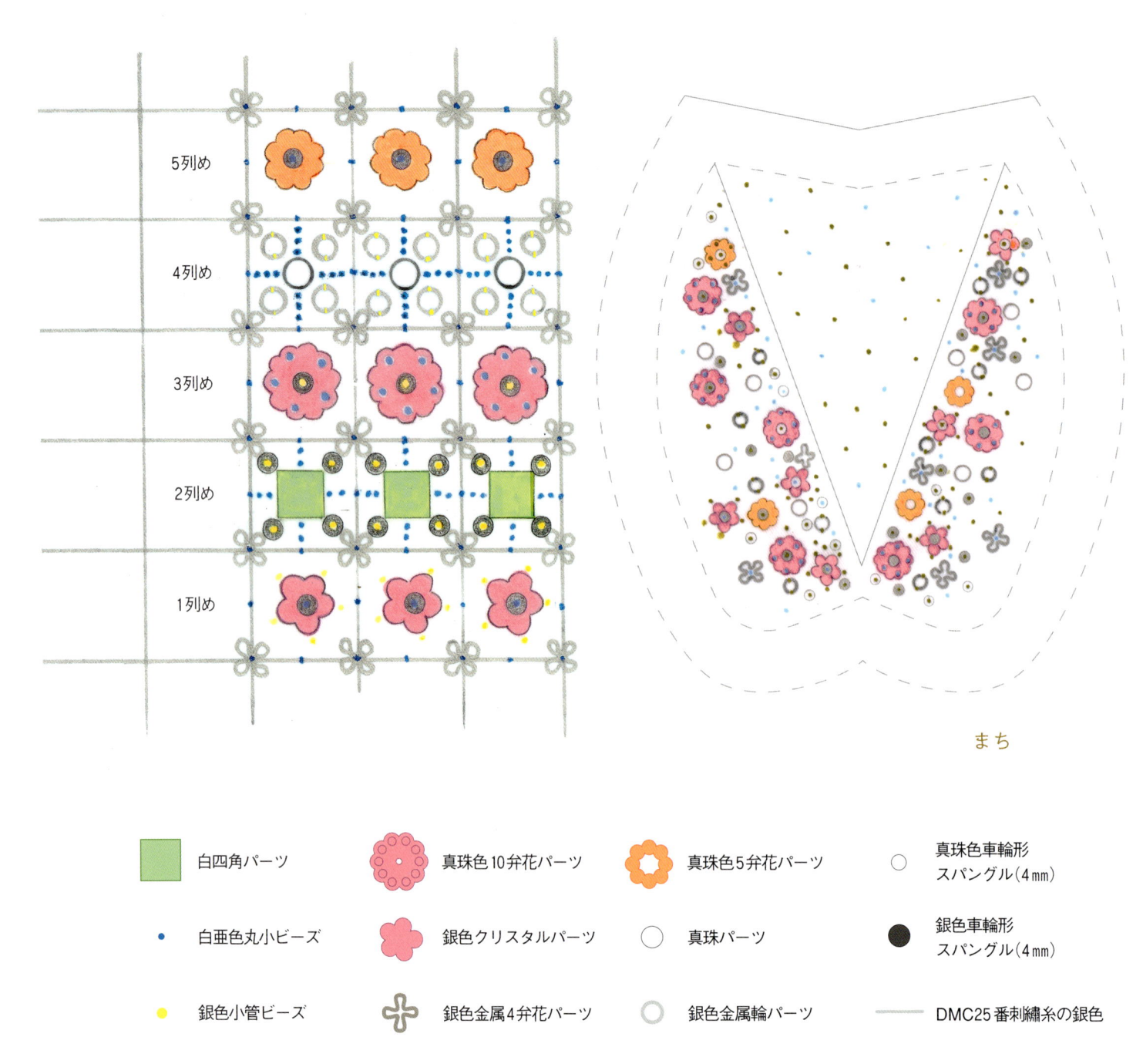

刺し方順序

注：刺繡は、針を使って布の表面からします。

キルティングをします　最初に表生地をキルティングします。下から順にオーガンディ、キルト芯、サテン、チュールを重ねて、2㎝間隔にミシンで横と縦に縫います。
生地を刺繡台に張ります。

1.　刺繡糸をキルトステッチの上に、生地の端から端まで一針で、縦横に渡します。

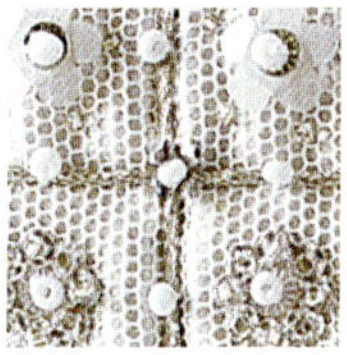

2.　**1**の刺繡糸の交点に、銀色4弁花パーツを白亜色ビーズでとめます。さらに、その各辺の真ん中を白亜色ビーズでとめます。

刺し方図のように、最初の5列を刺したら、その後はクラッチバッグを作り上げるために必要な寸法になるまで繰り返します。刺繡は口側からふたに向かって刺していきます。

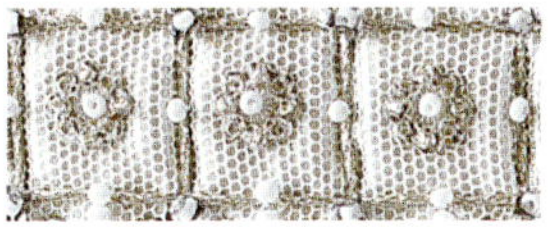

1列め　銀色クリスタルパーツを銀色ビーズで、キルティングした四角のスペースの中心にとめます。ビーズはパーツの外側の穴に1つおきにとめます。
パーツの中心部に車輪形スパングルを白亜色ビーズでとめます。

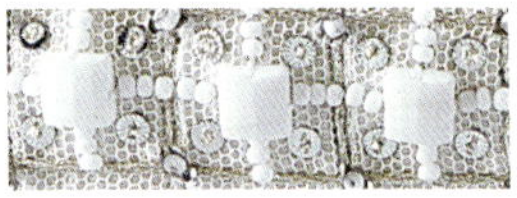

2列め　白四角パーツをキルティングした四角のスペースの中心にとめます。
四角のスペースの各辺の真ん中に白亜色ビーズを2個ずつとめます。
四角のスペースの四隅に4個の銀色車輪形スパングルを銀色ビーズでとめます。

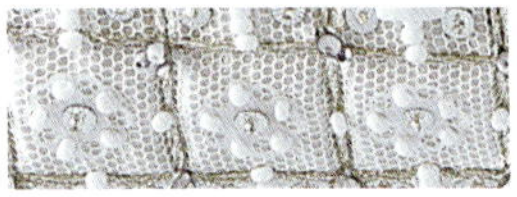

3列め　真珠色10弁花パーツを5個の白亜色ビーズで、キルティングした四角のスペースの中心にとめます。ビーズは花びらに、1つおきにとめます。
パーツの中心部に銀色車輪形スパングルを銀色ビーズでとめます。

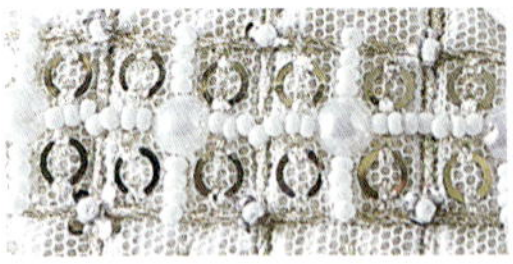

4列め　真珠パーツをキルティングした四角のスペースの中心にとめます。
四角のスペースの各辺の真ん中に白亜色ビーズを3個ずつとめます。
四角のスペースの四隅に4個の銀色輪パーツを2個の銀色ビーズでとめます。

5列め　真珠色5弁花パーツを銀色車輪形スパングルと白亜色ビーズで、キルティングした四角のスペースの中心にとめます。
花びらの先に1個ずつ銀色ビーズをとめます。

クラッチバッグのまち

まちは、表生地をキルティングして2枚作ります。
下から順にオーガンディ、キルト芯(ひだになる部分には入れない)、サテン、チュールを重ね、パターンの外側を粗く縫って合わせておきます。
芯を入れた部分には、刺し方図のように材料を1個ずつ不規則につけます。
ひだになる部分は、白亜色と銀色のビーズだけを1個ずつ不規則に散らしてつけます。

つかったステッチ

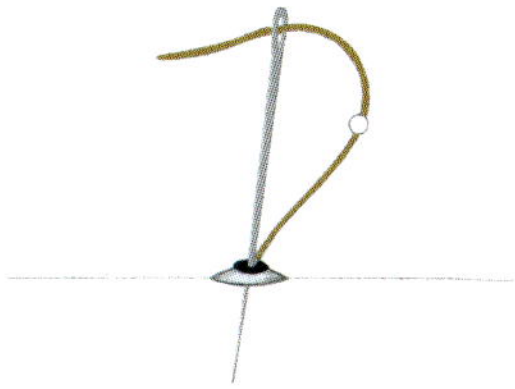

花パーツをスパングルとビーズでとめる

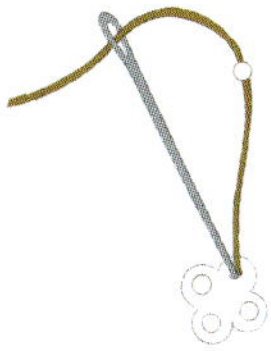

花パーツをビーズでとめる

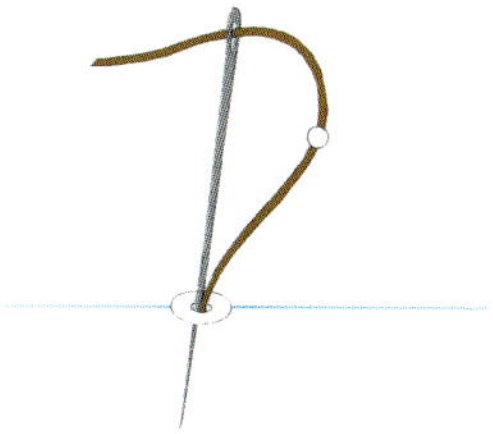

スパングルをビーズでとめる

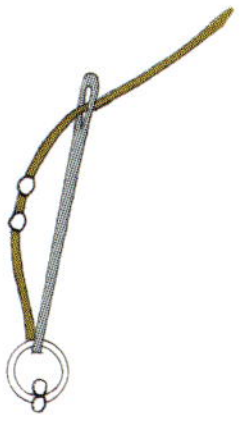

輪パーツをビーズでとめる

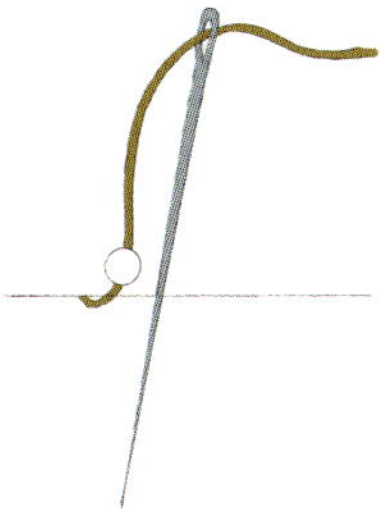

ビーズをとめる

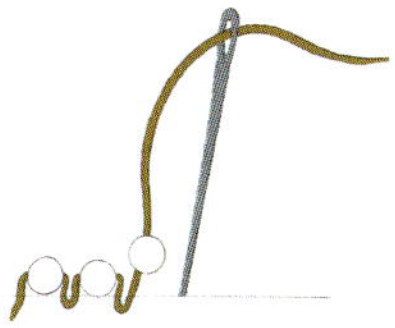

ビーズを線状にとめる

仕立て方

**提案生地：表は下からオーガンディ、キルト芯、サテン、チュールの順に合わせます。
裏布はサテン、接着芯**

1. パターンを材料に写し、裏布、接着芯、わたはパターンどおりに、ほかは刺繍台に張るための余裕をつけて裁断します。

2. 表の本体のキルティングをします：パターンに示されているとおりに、キルティング位置を写します。下からオーガンディ、キルト芯、サテン、チュールの順に重ねます。

3. ミシンでキルティングをします。その後、刺繍をします。

4. 表のまちも**2**、**3**と同じようにキルティングをし、その後、刺繍をします。

5. 刺繍をしたら、本体とまちを再裁断用パターンに合わせて裁断し直します。

6. まちの上部と本体の前側上部（口側）の縫い代をパターンのでき上り線（緑の線）で折っておきます。

7. まちと本体を中表にして縫い合わせます。

8. 裏布の準備をします：まちはパターンの斜線部分に、接着芯をアイロンではります。
まちの上部と本体の前側上部の縫い代を折ります。

9. 裏布の本体とまちを中表にして縫い合わせます。

10. 裏袋と表袋を合わせます：ふた部分を中表に合わせます。

11. ふた部分の周囲にミシンをかけます。

12. 表袋本体の裏にわたをのせます。

13. ふた部分を表に返し、表袋の中に裏袋を入れます。

14. ふた部分をアイロンで整えます。

15. 底の厚紙をわたの下に入れます。

16. パターンで指定された位置にスナップを縫いつけます。

17. 裏袋の口の部分を表袋にまつります。

パターン（200％に拡大して使用）

底（補強の厚紙）

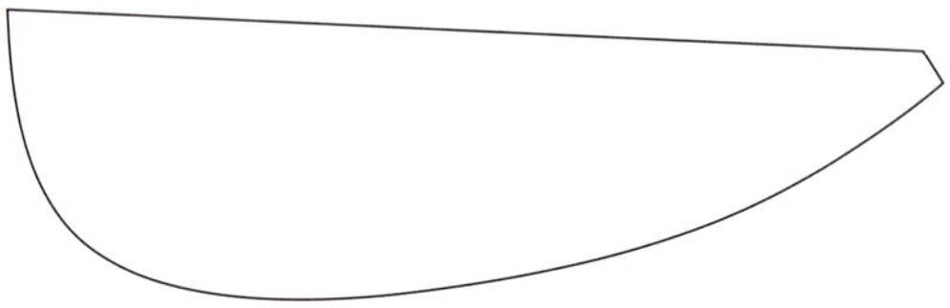

まち（接着芯。この形で2枚、対称に2枚）

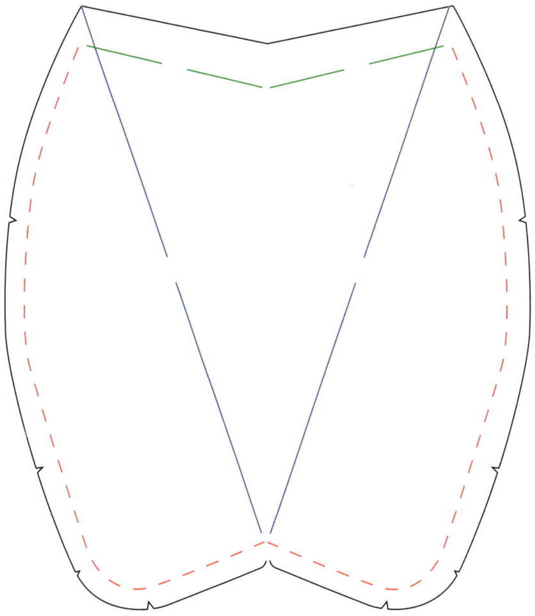

まち(刺繍後の再裁断用パターン)

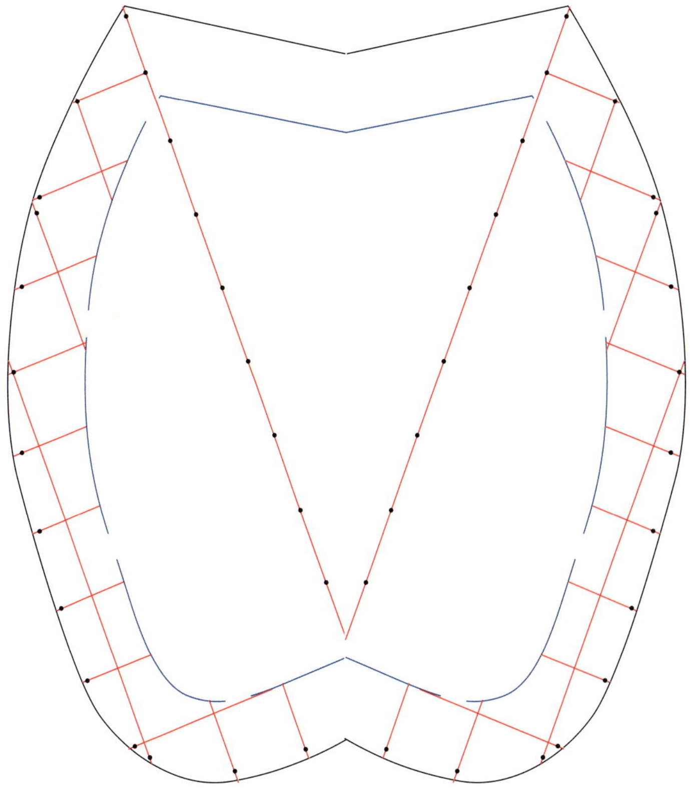

まち(チュール、サテン、オーガンディ各2枚)

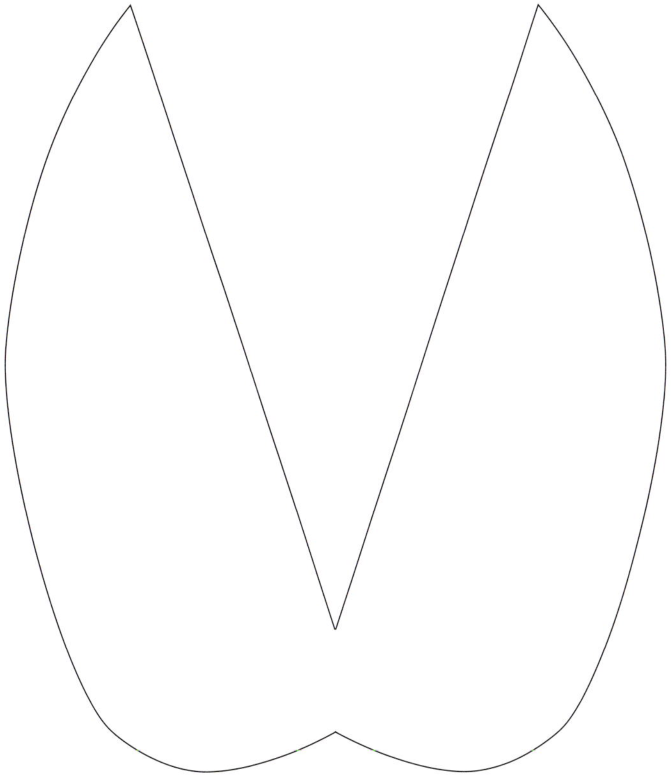

まち(キルト芯2枚)

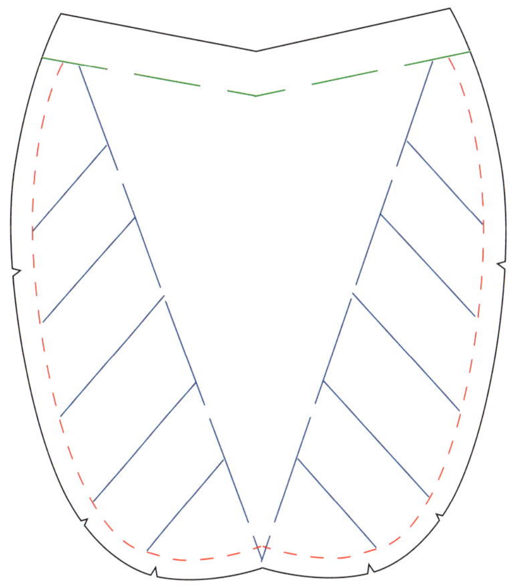

まち(裏布2枚)

パターン（333%に拡大して使用）

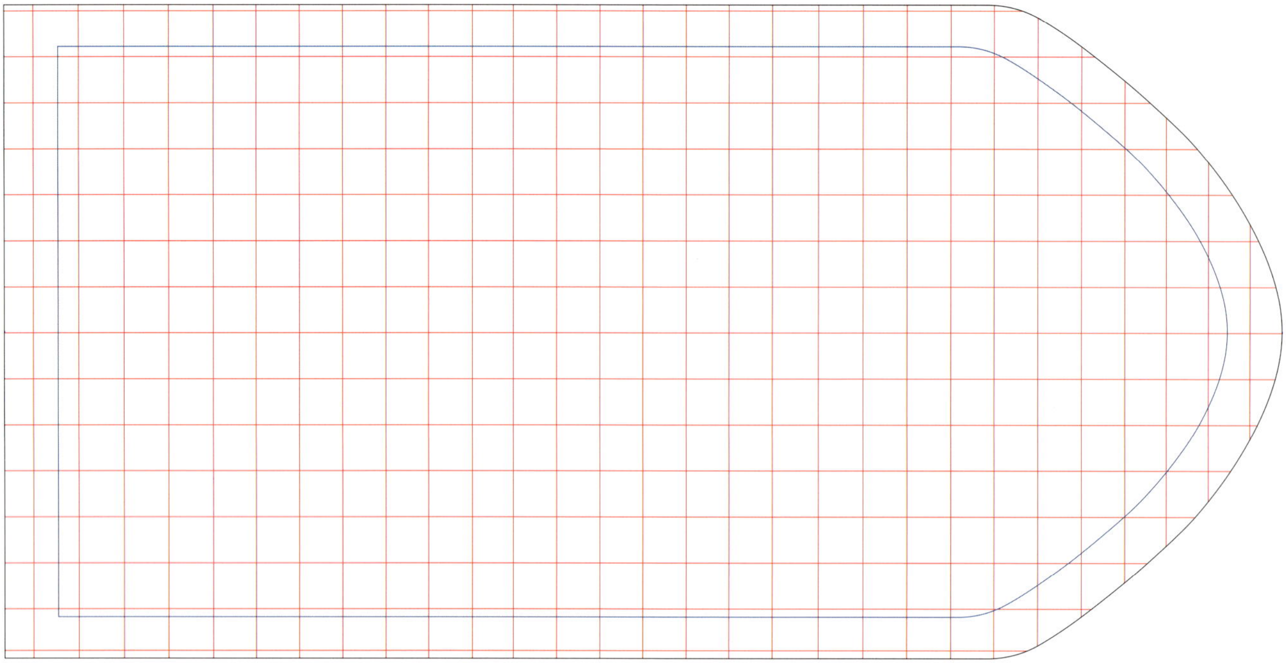

本体＝前側、後ろ側、ふた（チュール、サテン、オーガンディ各1枚、キルト芯1枚）

本体（裏布1枚）

本体（刺繡後の再裁断用パターン）

本体（わた1枚）

紫色のバッグ

材料

- 銀色角ビーズ
- 銀色メタリック亀甲スパングル(3㎜)
- ボルドー色平スパングル(5㎜)
- クリスタル(2.4㎜)
- クリスタル(4㎜)
- ボルドー色ビーズ
- 銀色小管ビーズ
- 木綿糸
- 銀色ラメテープ

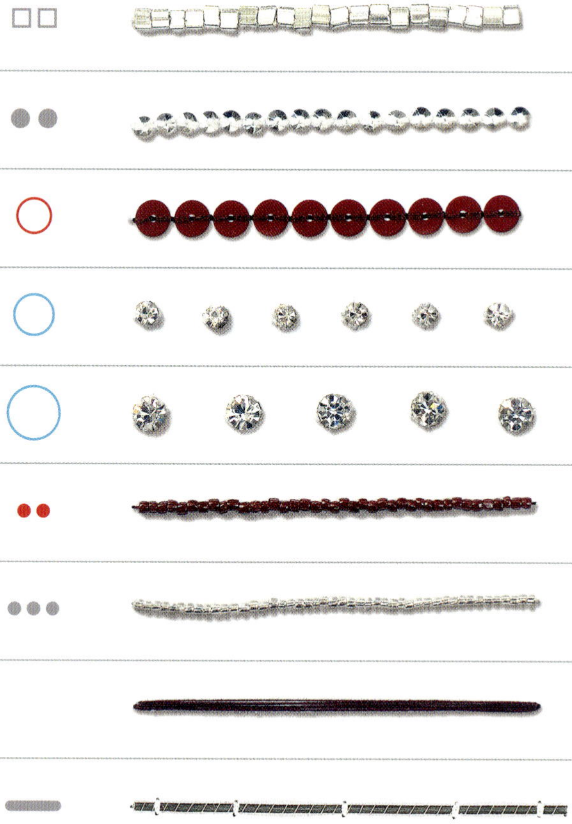

刺し方図

□□ 銀色角ビーズ

クリスタル(2.4㎜)

ボルドー色ビーズ

木綿糸

銀色メタリック
亀甲スパングル(3㎜)

クリスタル(4㎜)

銀色小管ビーズ

銀色ラメテープ

ボルドー色
平スパングル(5㎜)

刺し方順序

注：刺繍は、針を使って布の表面からします。

革に刺繍をするときは、最初にオーガンディを刺繍台に張ります。よく張った状態でオーガンディの上に革をピンでとめます。このようにすると、革の形をくずさずに刺繍することができます。

横のラインを刺します

1. 銀色小管ビーズ、ボルドー色ビーズ、銀色角ビーズをそれぞれ一列にとめます。

刺し方図のように、銀色小管ビーズはビーズとビーズの間に間隔をあけてとめます。

2. ボルドー色スパングルを重ねて一列にとめます。

3. 銀色亀甲スパングル（凸面）を間隔をあけて並べ、間にボルドー色ビーズを小さな針目で縫いとめます（刺し方図を参照）。

帯状に刺します　大きな針目でボルドー色ビーズを斜めにとめます。銀色ラメテープを折ってとめます(刺し方図を参照)。

斜め格子　銀色ラメテープを間隔をあけて折ってとめ、斜め格子を作ります。刺し方図に従って、クリスタル(4㎜)と銀色角ビーズをとめ、ボルドー色ビーズでボルドー色スパングルをとめます。
ボルドー色ビーズと銀色小管ビーズを大きな針目で刺繍します。

つかったステッチ

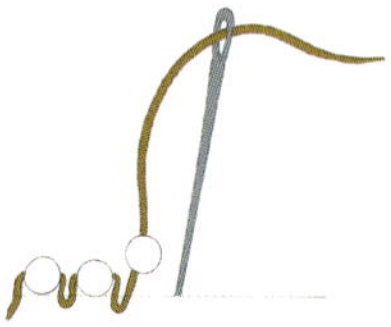

ビーズを線状にとめる

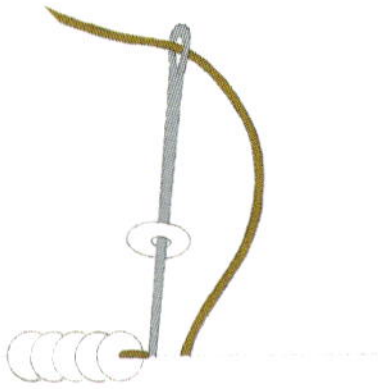

スパングルを重ねてとめる

クリスタルをとめる

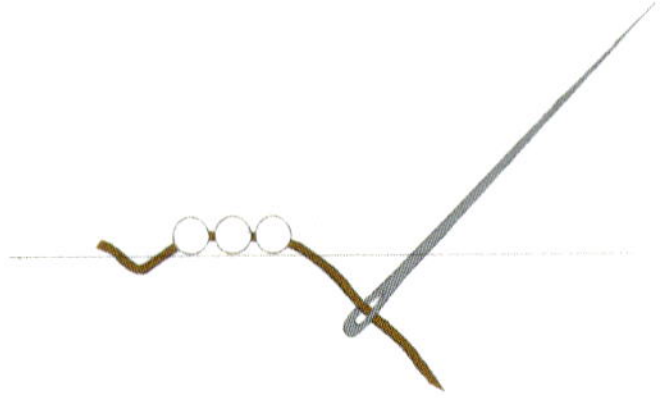

ビーズを大きな針目でとめる

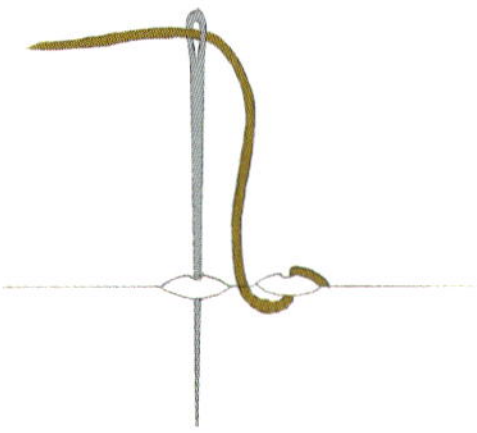

亀甲スパングルを小さな針目でとめる

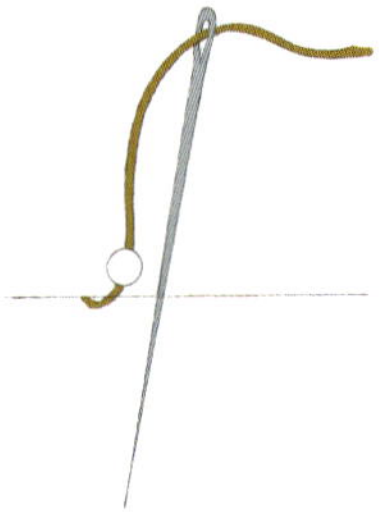

ビーズをとめる

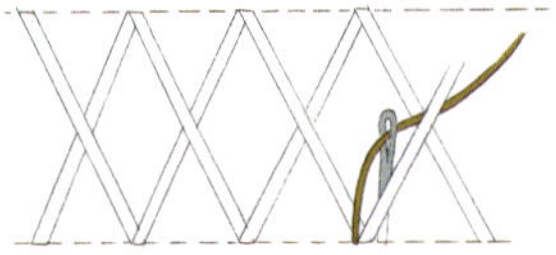

ラメテープを間隔をあけてとめる

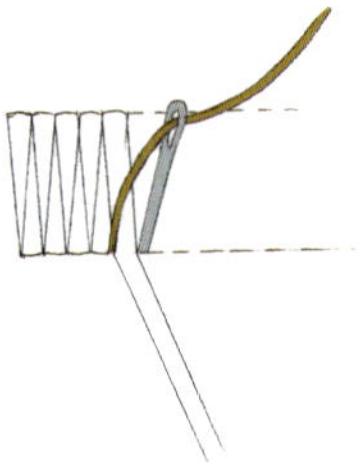

ラメテープを折りながら刺し埋める

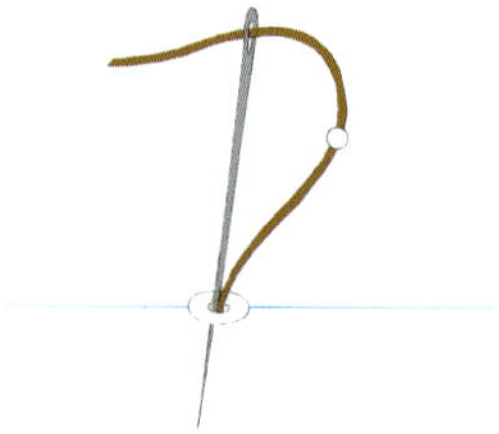

スパングルをビーズでとめる

仕立て方

提案生地：表は革、裏布はサテン、接着芯

1.　革を裁断します。パターンAは1枚、パターンBは2枚、パターンCは2枚、パターンDは4枚。

2.　別布でパターンK（まちの陰ひだ分）を2枚裁断します。
裏布を裁断します。パターンLは1枚、パターンMは2枚。

3.　補強用の材料を裁断します。パターンFはわたを2枚、パターンGは接着芯を右用と左用に各2枚、パターンHは厚紙を1枚。

4.　裏布の本体（L）の口側縫い代を折ります。

5.　裏布のまち（M）の口側縫い代を折ります。

6.　裏布の本体とまちを中表に合わせます。合い印を合わせて、布端からおよそ5㎜内側を縫います。

7.　革のまち（B）にそれぞれ接着芯（G）をはります。

8.　まちの陰ひだ布（K）の上部の縫い代を折り、アイロンで中心に折り目をつけます。

9.　革のまちと陰ひだ布を縫い合わせます。

10.　革のまち（B）に切込み（Bの青い線）を入れます。これは、持ち手のつけ根を隠すための三つ編みの留め輪を通すためのものです。

11.　持ち手（C）の両端をフリンジになるように切ります（＊）。

12.　革の持ち手の長辺をそれぞれ中心に向かって内側に折ります。
さらに、端が隠れるように中心で折り、返し縫いで縫い合わせます。

13.　留め輪の4本の革（D）をフリンジのように切り、それぞれ三つ編みにします。

14.　持ち手のフリンジが始まるところが**10**で入れた切込みと切込みの間になるようにして、持ち手をしっかりとまちに縫いつけます。

15.　持ち手をとめた部分が隠れるように、三つ編みにした留め輪を切込みに通し、裏側に折り込んで、のりでつけます。

16.　革のまちと本体を中表にし、合い印を合わせて、端からおよそ5㎜内側で縫い合わせます。

17.　表に返して、縫い目をたたいて整えます。

18.　底の内側に補強の厚紙をはります。

19.　革の本体の口部分に補強の金属をつけます。

20.　補強の金属にマグネットの開閉ホックをつけます。その際、磁石の極に注意します。

21.　革の本体の上部を折り返し、マグネットの開閉ホックと補強の金属にはります。この作業は注意して行ないます。

22.　裏袋を革の表袋にはめ込み、のりではります。ここは針で縫ってもいいでしょう。

23.　まちの革と陰ひだ布の上端を、裏袋と縫い合わせます。

＊持ち手にフリンジをつけない場合は、フリンジ部分を除いて裁断します。あとの作り方は変わりません。持ち手の始まる位置の支えの縫い目がしっかりとしているか注意し、留め輪をきつく締めて持ち手の始まる部分を見えないようにします。

パターン（333％に拡大して使用）

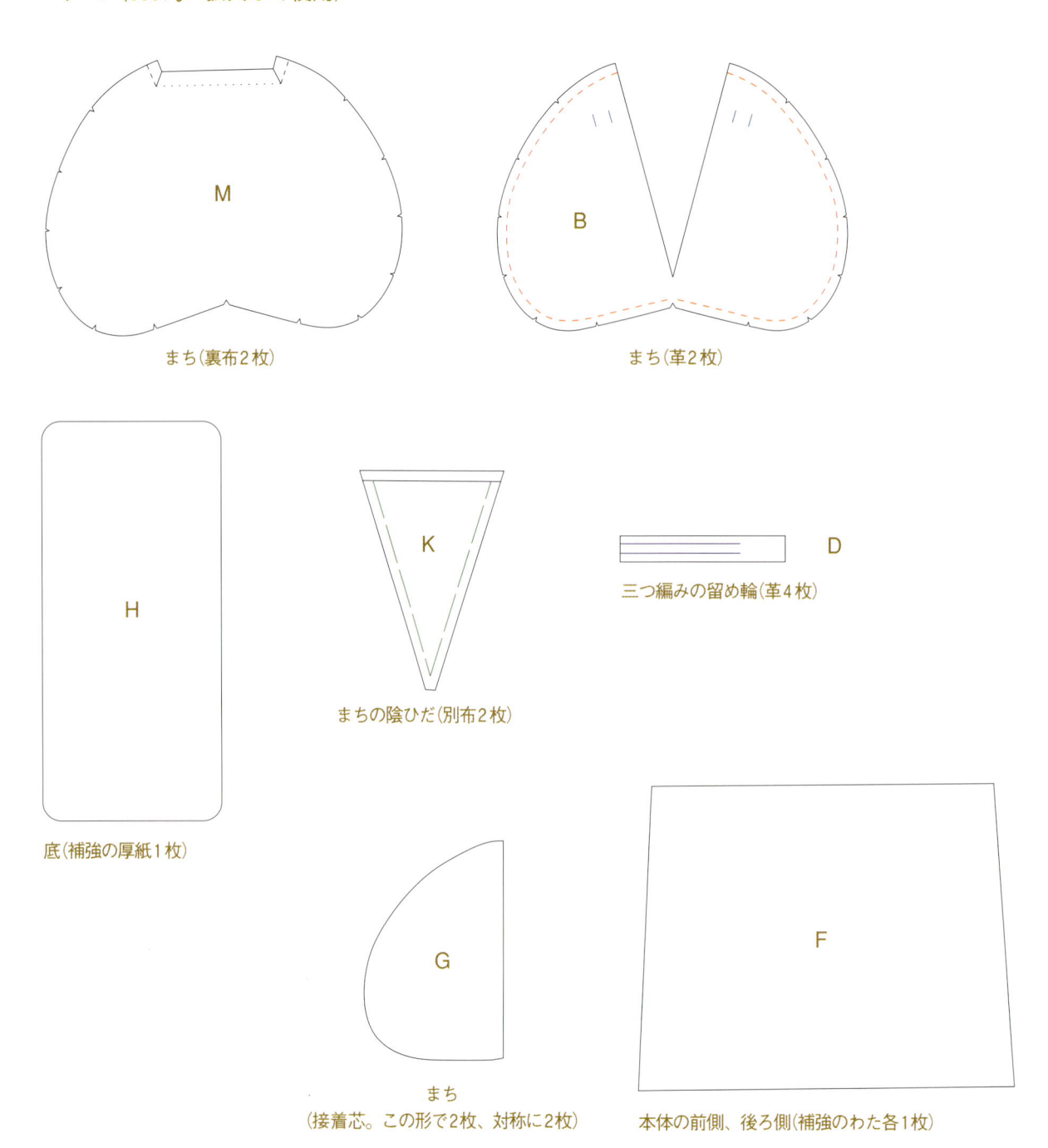

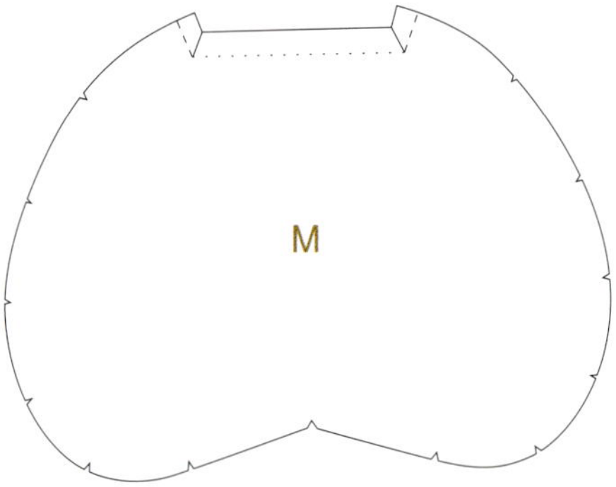

まち（裏布2枚）

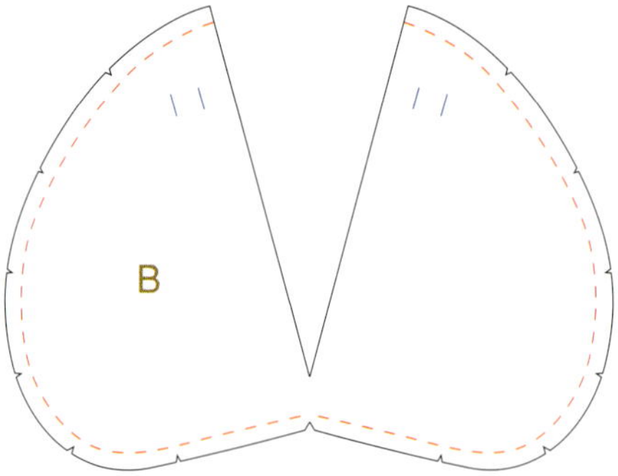

まち（革2枚）

底（補強の厚紙1枚）

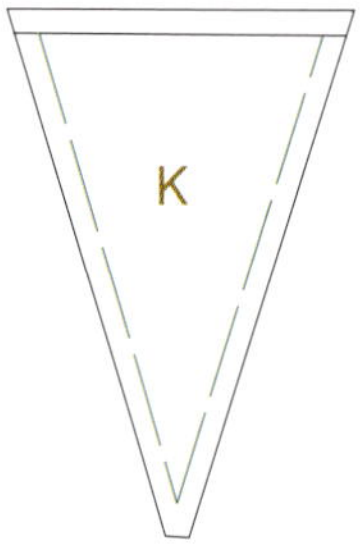

まちの陰ひだ（別布2枚）

三つ編みの留め輪（革4枚）

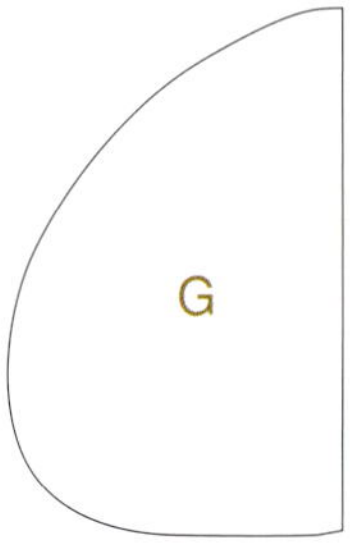

まち
（接着芯。この形で2枚、対称に2枚）

本体の前側、後ろ側（補強のわた各1枚）

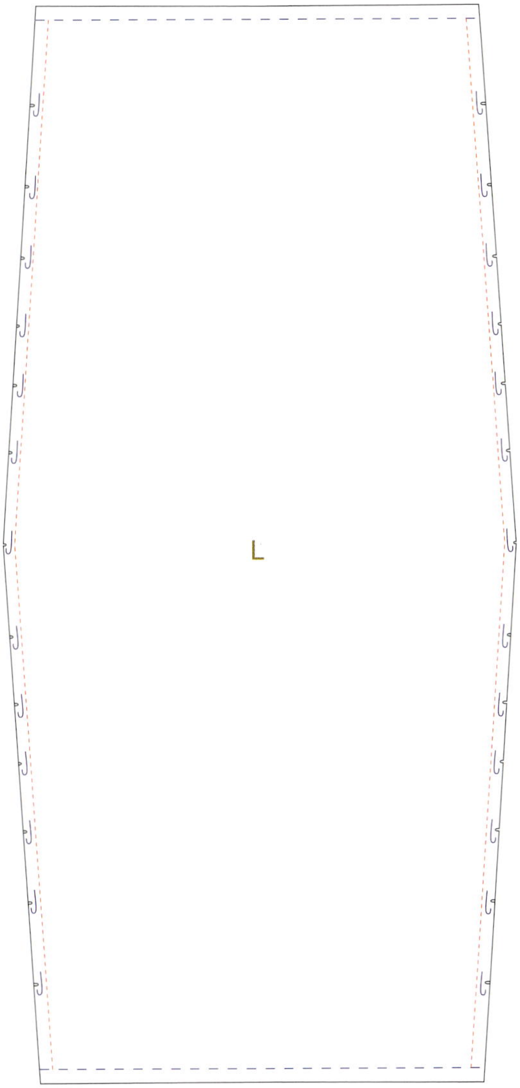

本体(裏布1枚)

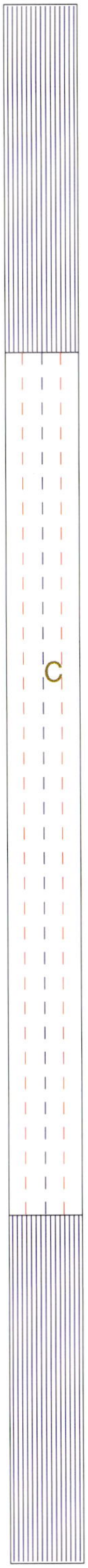

持ち手(革2枚)

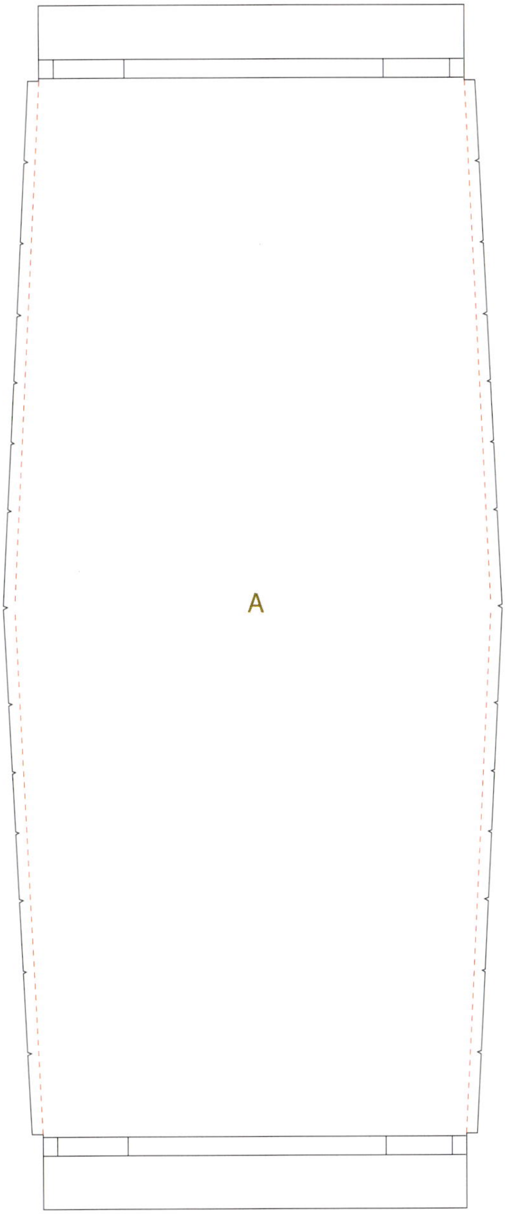

本体(革1枚)

光り輝くバレエシューズ

材料

DMC25番刺繡糸の銀色	—
銀色小管ビーズ	●
爪つきダイヤ（大）	●
爪つきダイヤ（中）	●
爪つきダイヤ（小）	●
球形ダイヤ	●
黒木綿糸	
銀色ビーズ（2㎜）	●

刺し方図

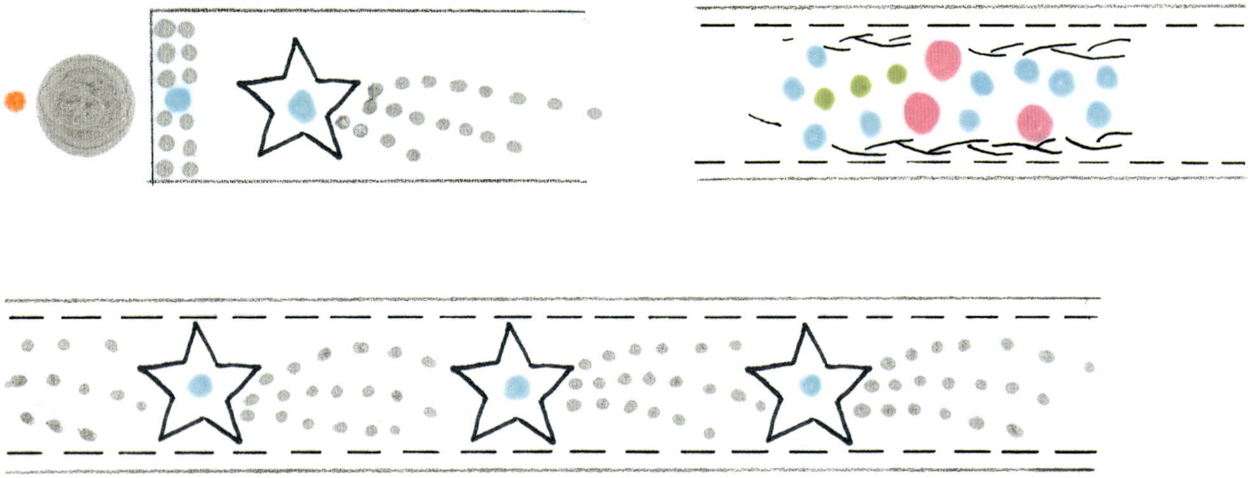

- — DMC25番刺繍糸の銀色
- 爪つきダイヤ(大)
- 爪つきダイヤ(小)
- 黒木綿糸
- 銀色小管ビーズ
- 爪つきダイヤ(中)
- 球形ダイヤ
- 銀色ビーズ(2㎜)

リボンの作り方

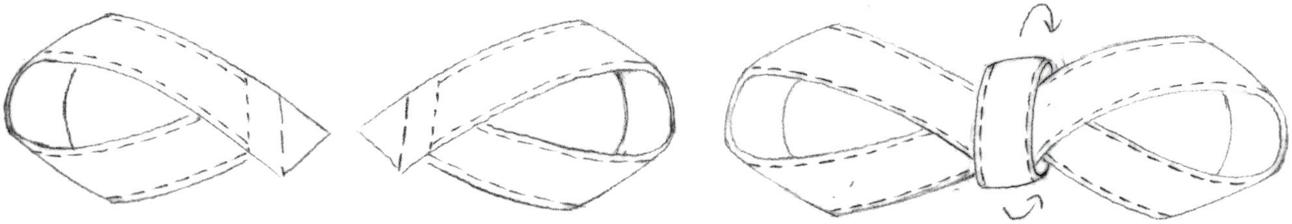

刺し方順序

注：刺繍は、針を使って布の表面からします。
すべてのビーズとスパングルはDMC25番刺繍糸の銀色でつけます。

1. 長さ11㎝の黒いビロードのリボン4本に、2本どりの銀色刺繍糸で、ストレートステッチで星を刺繍します。
それぞれの星の中心にダイヤ(中)をとめます。
刺し方図に従って星の光跡を銀色小管ビーズで3列刺します。
長さ5.5㎝の黒いビロードリボン2本に、刺し方図に従ってダイヤ3種をとめます。

2. 銀色刺繍糸で、リボンの両縁にランニングステッチを刺します。
作り方図に従って、結び目を形作ります。

3. **1**のように、サテンのリボンの端から1㎝の位置に流れ星を刺繍します。
リボンの端を三つ折りにします。
リボンの端の表側中央にダイヤ(中)をとめ、その両側に銀色小管ビーズを3個ずつ2列にとめます。
リボンの先端に球形ダイヤを銀色ビーズでとめます。

つかったステッチ

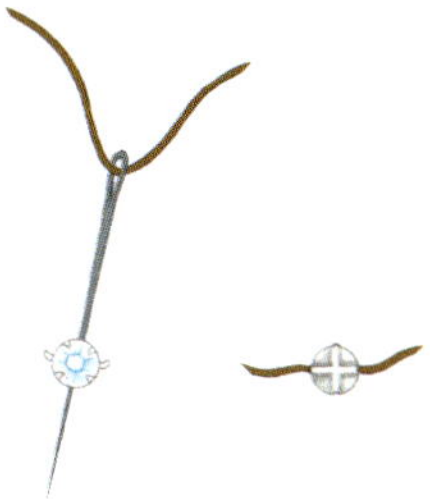

ダイヤをとめる

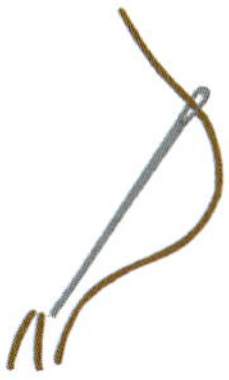

ストレートステッチ

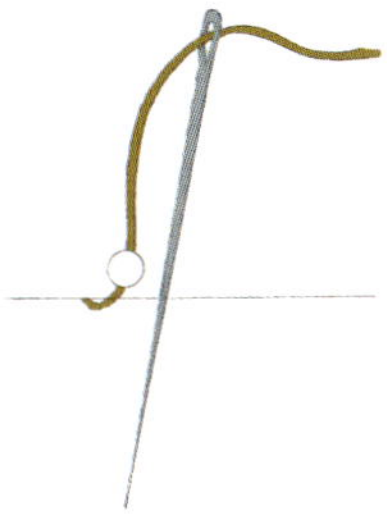

ビーズをとめる

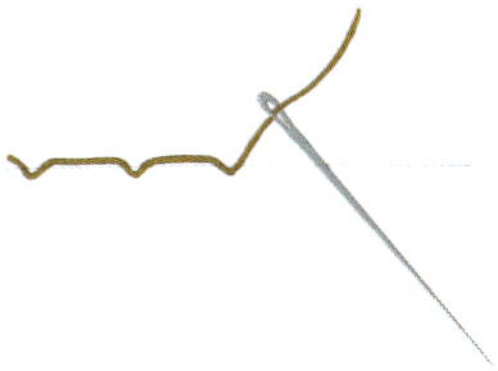

ランニングステッチ

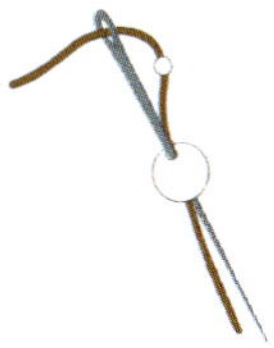

大きなビーズを小さいビーズでとめる

平スパングルを重ねてとめる(裏面からの作業)

極小スパングルを1針ごとにとめる(裏面からの作業)

管ビーズを線状にとめる(裏面からの作業)

管ビーズとパールビーズが交互になるように
1針分あけて刺繍する(裏面からの作業)

パールビーズの間を1針分あけて刺繍する(裏面
からの作業)

管ビーズの間を1針分あけて刺繍する（裏面からの作業）

ビーズを横列に小さなすきまをあけてとめ、ネットのように埋める（表面からの作業）

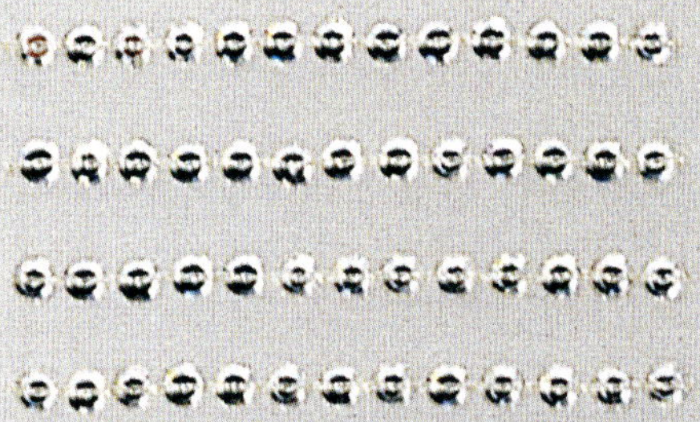

クリスタルを小さい針目でとめる（表面からの作業）

かぎ針で

蛍の輝きのネックレス

材料

- 銀色小管ビーズ
- 銀色小管カットビーズ
- 淡黄色ダイヤ(3㎜)
- 淡黄色ダイヤ(4㎜)
- 淡黄色ダイヤ(5㎜)
- 淡黄色ダイヤ(6㎜)
- 白パールビーズ(2.5㎜)
- 白パールビーズ(3㎜)
- 白パールビーズ(4㎜)
- 白パールビーズ(8㎜)
- 金色ビーズ(2㎜)
- 7㎜幅緑色サテンリボン

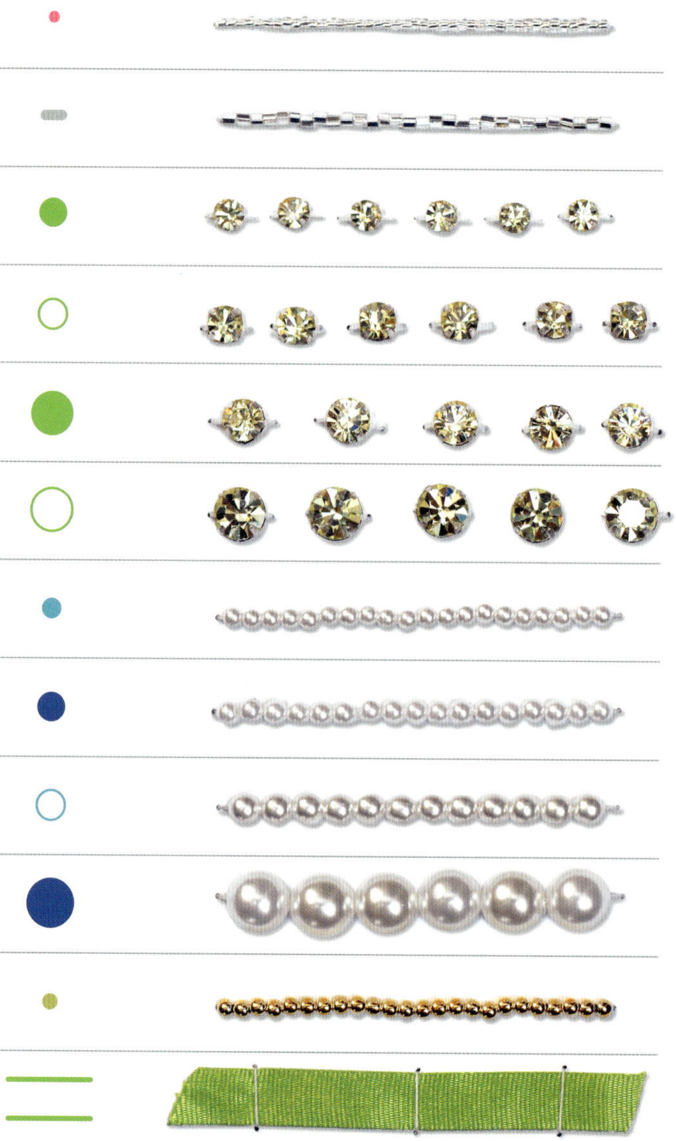

刺し方図

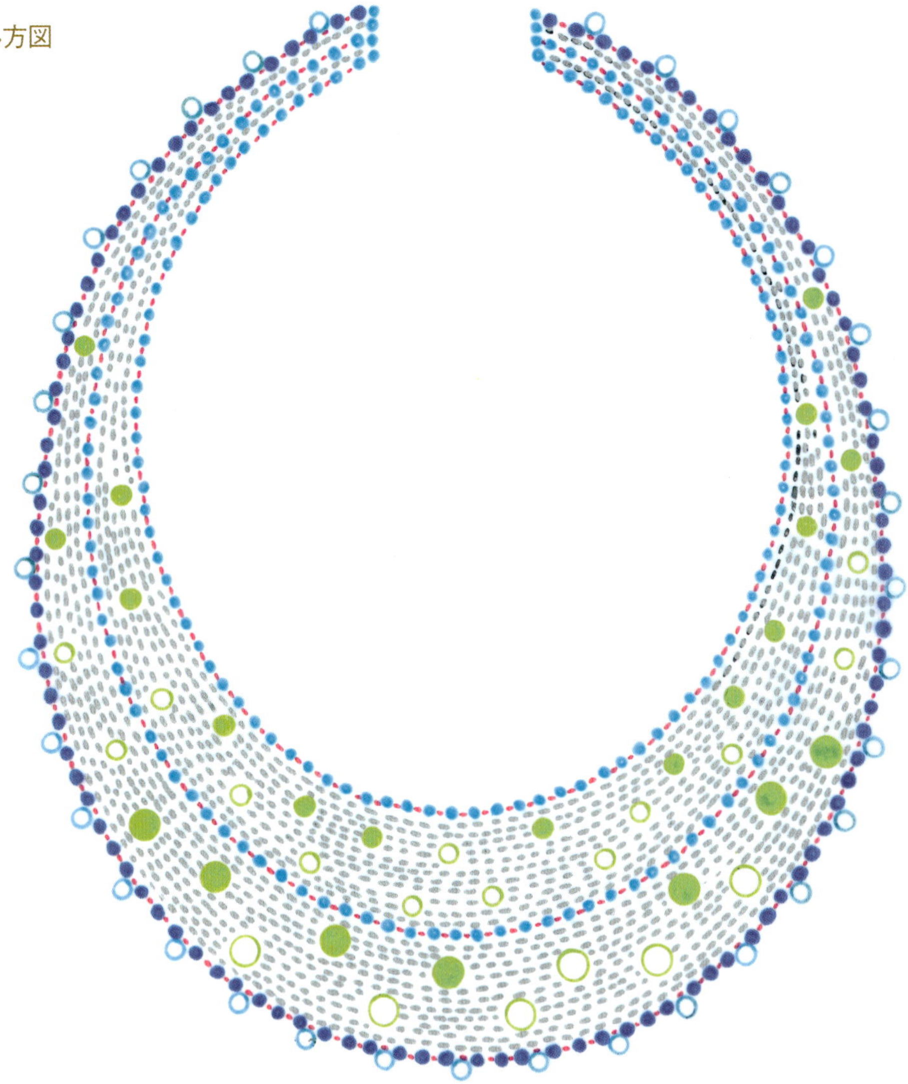

銀色小管ビーズ	淡黄色ダイヤ(4㎜)	白パールビーズ(2.5㎜)	白パールビーズ(8㎜)
銀色小管カットビーズ	淡黄色ダイヤ(5㎜)	白パールビーズ(3㎜)	金色ビーズ(2㎜)
淡黄色ダイヤ(3㎜)	淡黄色ダイヤ(6㎜)	白パールビーズ(4㎜)	7㎜幅緑色サテンリボン

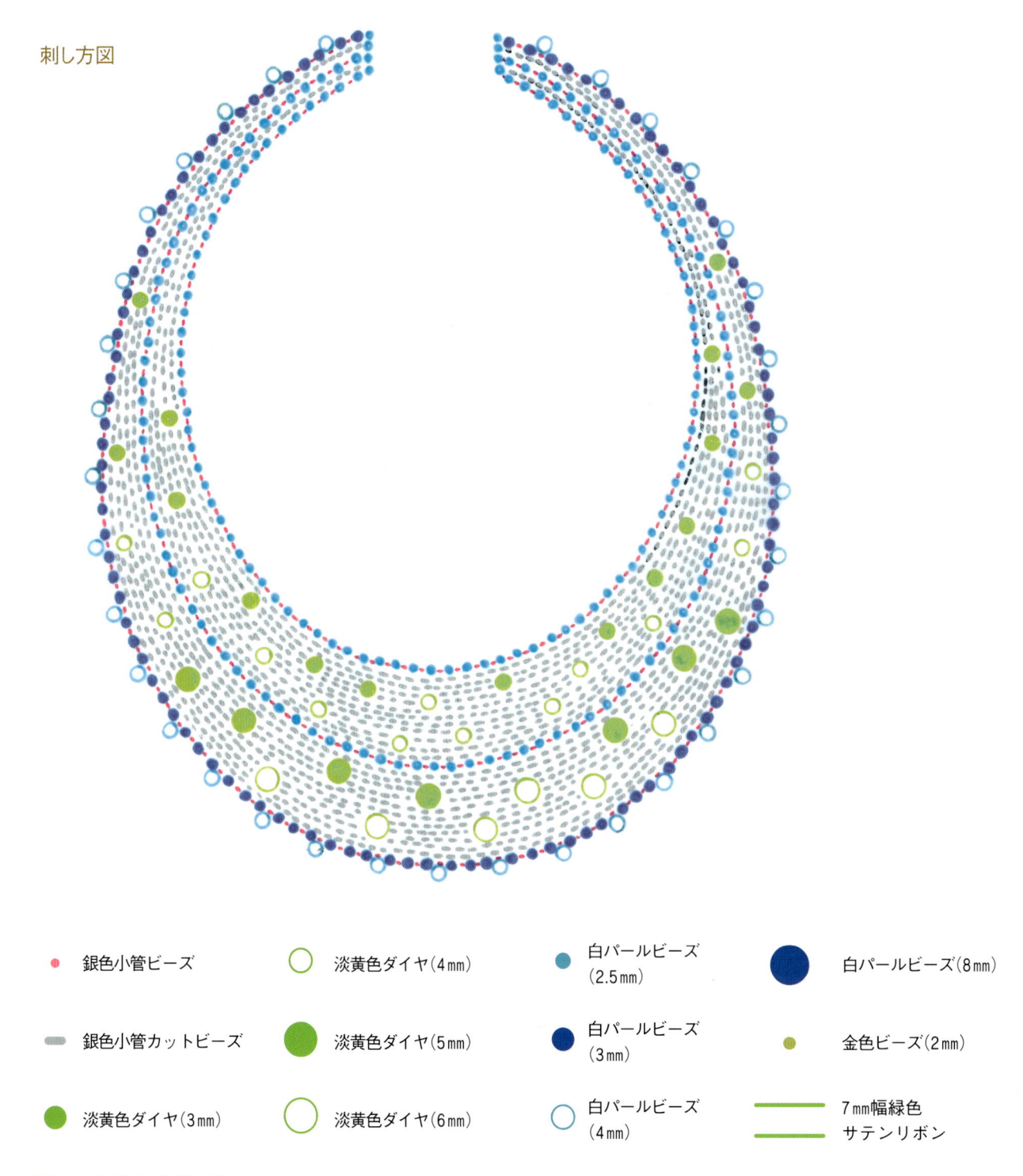

刺し方順序

注：刺繍は、裏面からはリュネビルかぎ針を使って、表面からは針を使ってします。
提案生地：表布はオーガンディ、裏は革、サテンリボン

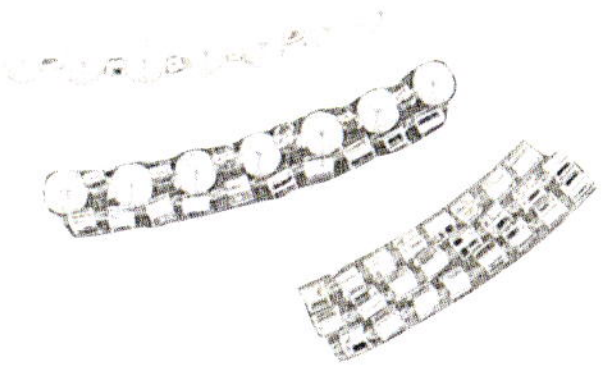

裏面からかぎ針で刺繍
リュネビルかぎ針を使って、刺し方図のように、内側と真ん中の列は2.5㎜、外側の列は3㎜のパールビーズを、間隔を1針分あけて刺します。パールビーズの間に銀色小管ビーズを線状に刺繍します。
3列のパールビーズの間に銀色小管カットビーズを線状にとめます。

表面から針で刺繍
刺し方図に従って、示された位置にダイヤ4種をとめます。
4㎜のパールビーズを外側の縁に縫いとめます。

表面の仕上げ
刺繍したネックレスの縁から5㎜外側のところで表布をカットします。
周囲の布を刺繍の裏に折り、白木綿糸で細かくまつります。
長さ20㎝のリボンを2本、ネックレスの端に縫いつけます。
ネックレスとリボンのつなぎ目に、銀色小管ビーズを大きな針目で9個とめます。

ネックレスの裏側に布用の接着剤をつけ、革にはりつけます。
接着剤が完全に乾いたら、ネックレスのまわりの余分な革をカットします。

リボンの仕上げ

リボンの端を折ります。

折り目の際に、3個の銀色小管カットビーズを1列にとめます。

その内側に、2個の金色ビーズを間をあけて刺し、間に銀色小管カットビーズをとめます。

2本のリボンの端に8㎜のパールビーズを金色ビーズでとめます。

つかったステッチ

1　2　3　4

小管ビーズを線状にとめる

5　6

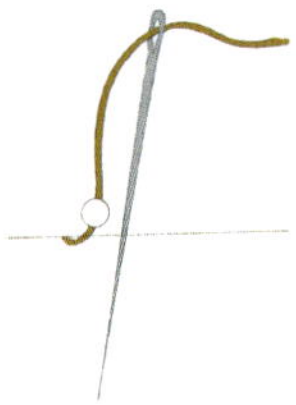

針を使ってパールビーズをとめる

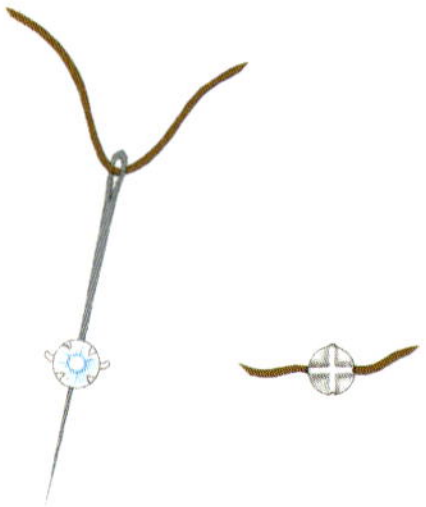

針を使ってダイヤをとめる

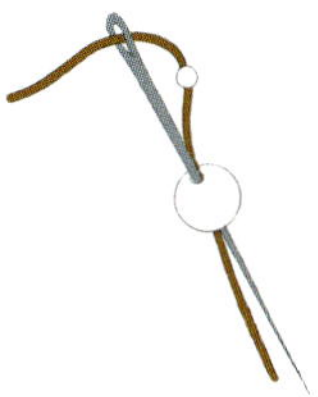

パールビーズをビーズでとめる

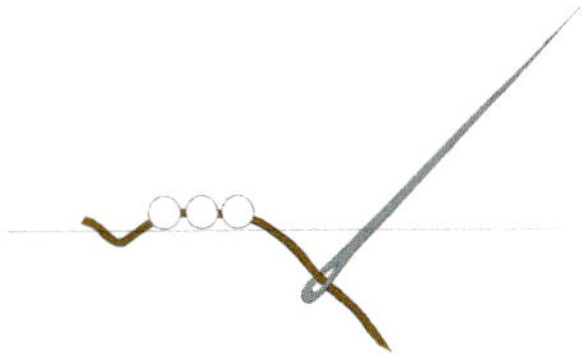

ビーズを大きな針目でとめる

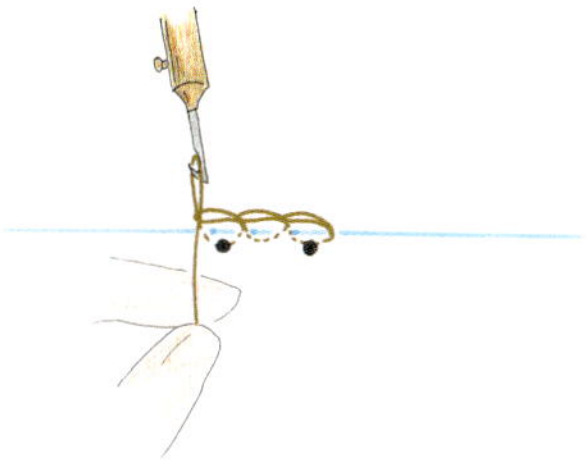

パールビーズを1針分あけて線状にとめる

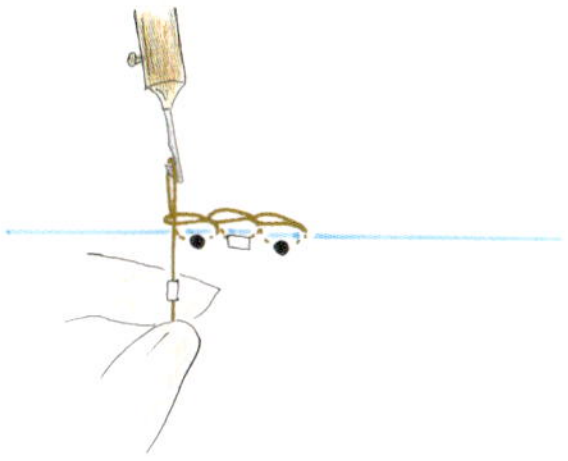

パールビーズの間に小管ビーズをとめる

図案とパターン
(200％に拡大して使用)

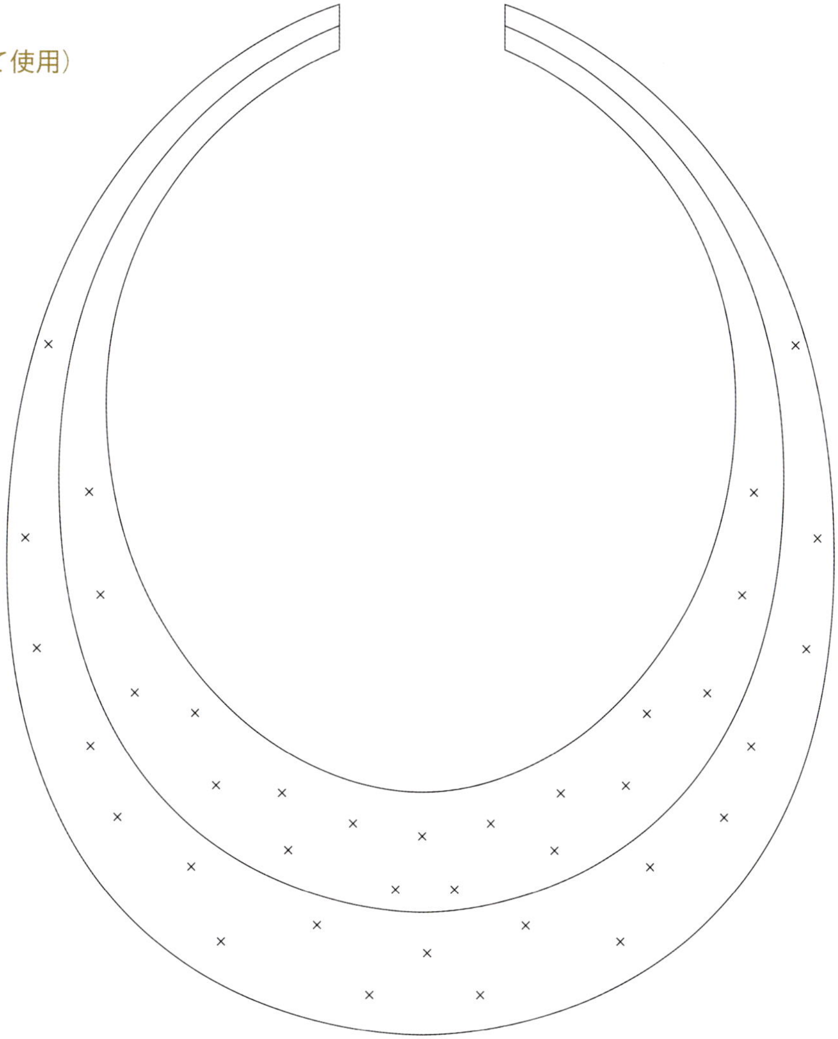

花のブローチ

材料

銀色小管ビーズ	
木いちご色 平スパングル(6㎜)	
クリスタル(2.4㎜)	
クリスタル(3㎜)	
クリスタル(4㎜)	
クリスタル(6㎜)	
クリスタル(7㎜)	
木綿縫い糸	
白木綿糸	
ダイヤ(5㎜)	
ダイヤ(7㎜)	
洋梨形クリスタル (6×10㎜)	
三角形クリスタル (10×10㎜)	
長方形クリスタル (6×8㎜)	
シャトル形クリスタル (4×15㎜)	
正方形クリスタル (6×6㎜)	
正方形クリスタル (8×8㎜)	
棒形クリスタル (7×3㎜)	
シャトル形クリスタル (5×10㎜)	
洋梨形クリスタル (4.8×8㎜)	

刺し方図

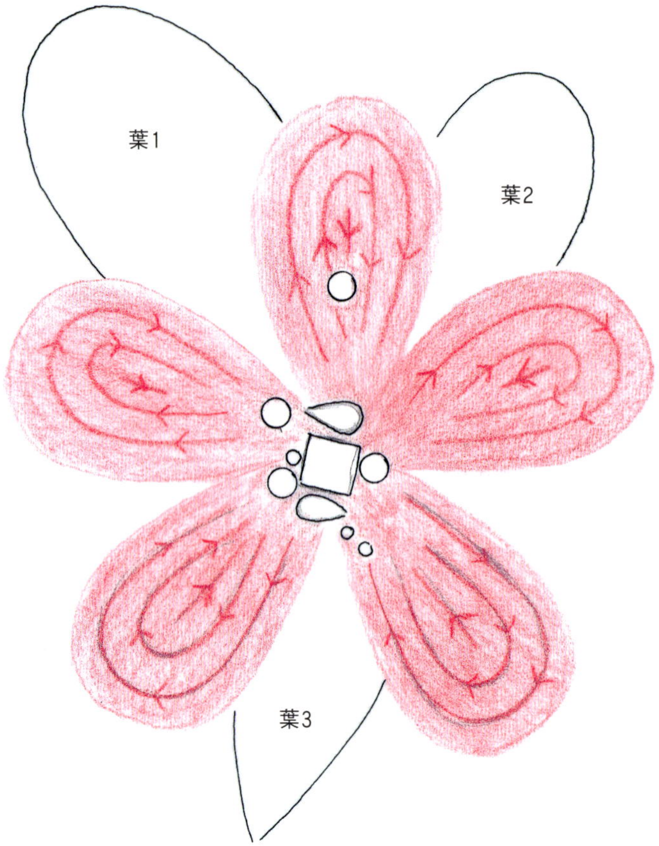

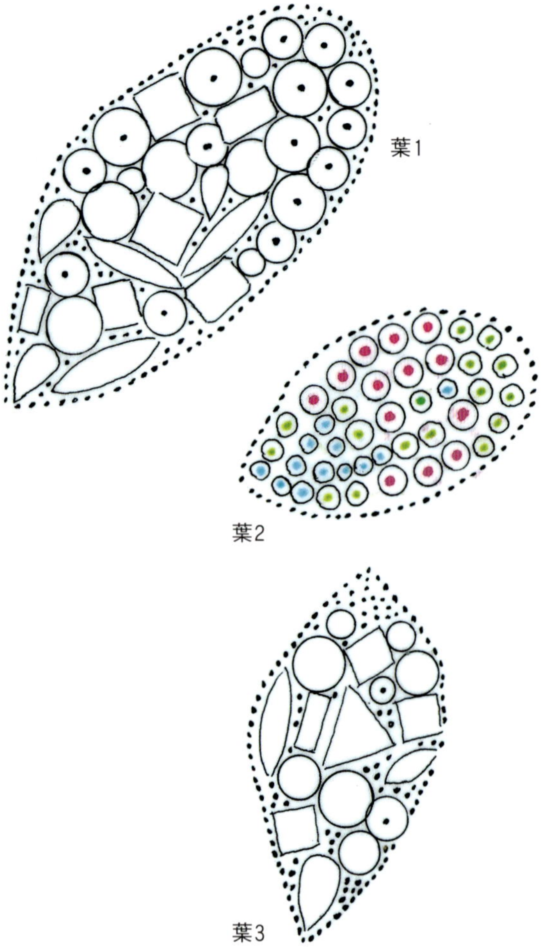

- 銀色小管ビーズ
- クリスタル(6㎜)
- ダイヤ(7㎜)
- 正方形クリスタル(6×6㎜)
- 木いちご色平スパングル(6㎜)
- クリスタル(7㎜)
- 洋梨形クリスタル(6×10㎜)
- 正方形クリスタル(8×8㎜)
- クリスタル(2.4㎜)
- 木綿縫い糸
- 三角形クリスタル(10×10㎜)
- 棒形クリスタル(7×3㎜)
- クリスタル(3㎜)
- 白木綿糸
- 長方形クリスタル(6×8㎜)
- シャトル形クリスタル(5×10㎜)
- クリスタル(4㎜)
- ダイヤ(5㎜)
- シャトル形クリスタル(4×15㎜)
- 洋梨形クリスタル(4.8×8㎜)

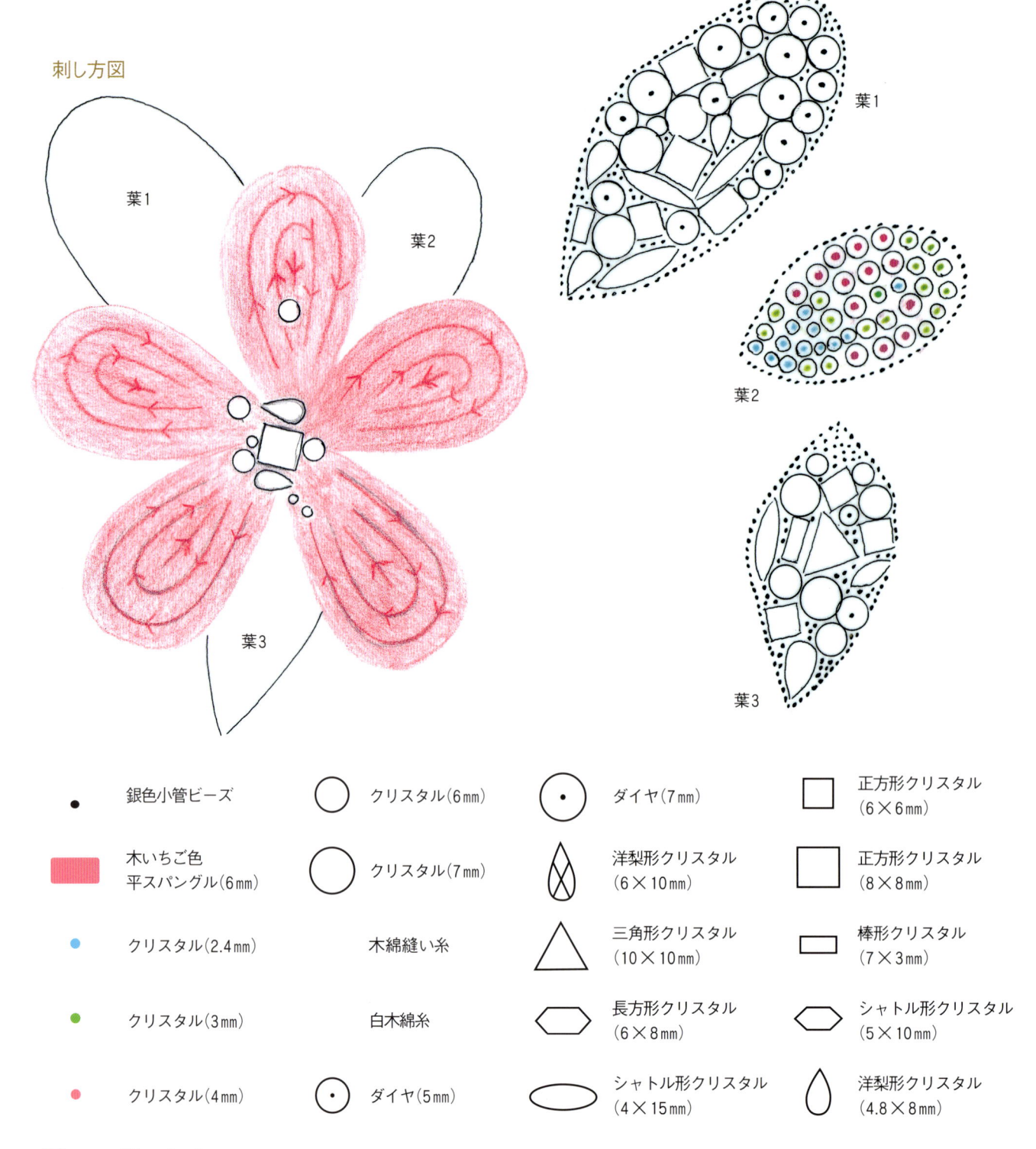

刺し方順序

注：刺繡は、裏面からはリュネビルかぎ針を使って、表面からは針を使ってします。
提案生地：表布はオーガンディ、裏は革

裏面からかぎ針で刺繡

花：平スパングルを重ねて花びらの形にとめます。

表面から針で刺繡

葉：刺し方図に従って、宝石を縫いとめます。
宝石の間を埋めるように、銀色ビーズをとめます。
葉の縁に銀色ビーズを線状に1列とめます。

仕上げ

花びらと葉の輪郭から5㎜外側で表布をカットします。
周囲の布を刺繡の裏に折り、白木綿糸で細かくまつります。
花びらと葉それぞれの裏側に布用の接着剤をつけ、すべてのパーツを革にはりつけます。
接着剤が完全に乾いたら、花びらと葉のまわりの余分な革をカットします。
花びらのつけ根を一枚一枚縫いとめ、次に宝石を花の中心にとめながら花の形を整えます。
刺し方図のように、花びらの裏側に葉を縫いとめます。
別の革を用意し、その革に切込みを2か所入れ、切込みにブローチのとめ金を通します。
その革の裏に布用の接着剤をつけ、花の裏にはります。

つかったステッチ

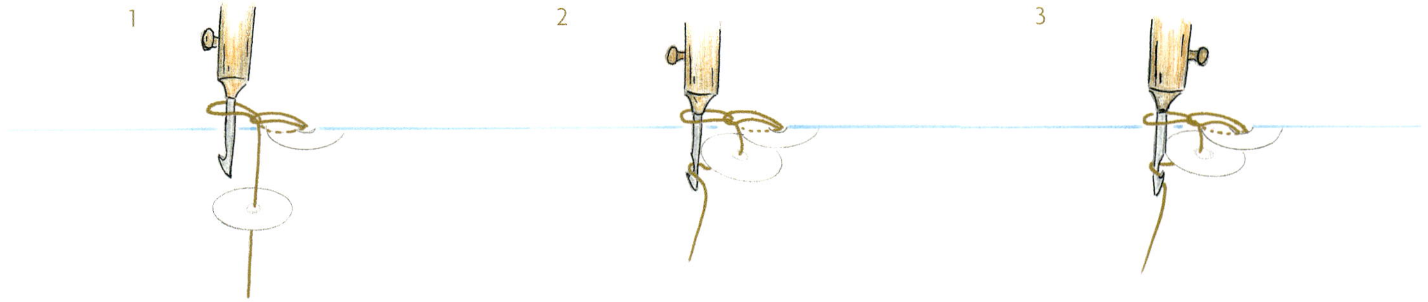

スパングルを重ねてとめる

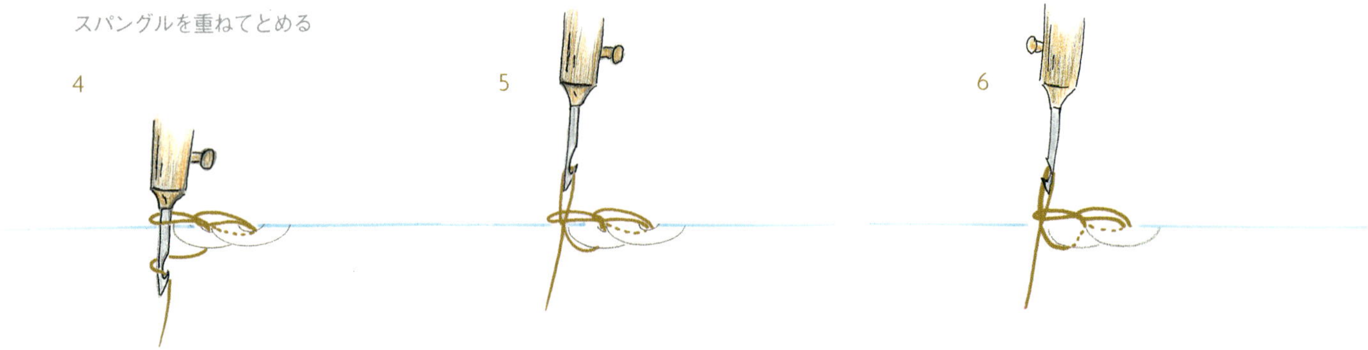

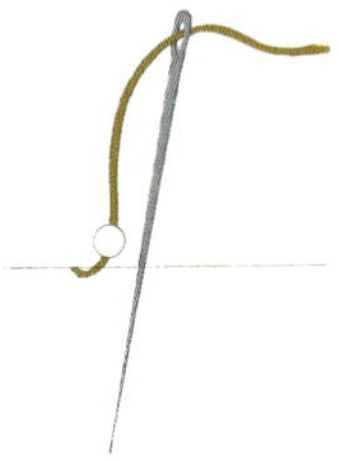

ビーズを針でとめる

宝石を針でとめる

ビーズを線状にとめる

パターン（実物大）

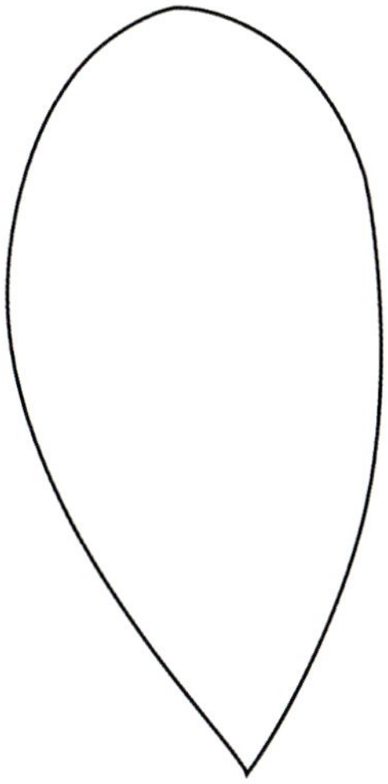

葉1

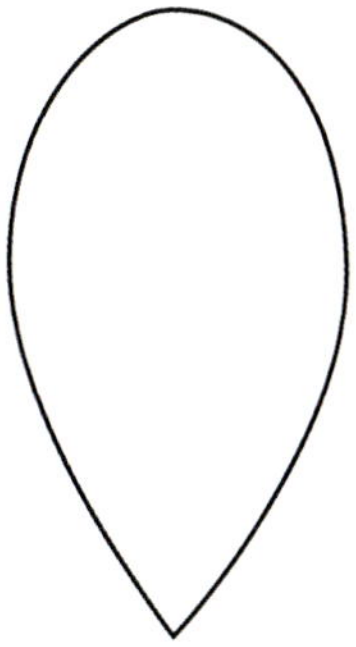

葉2

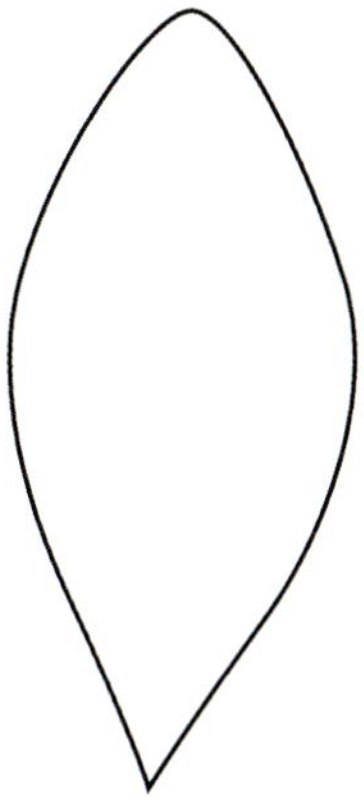

葉3

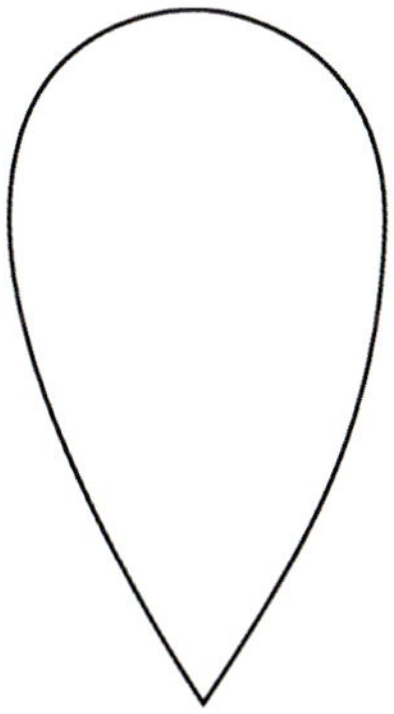

花びら

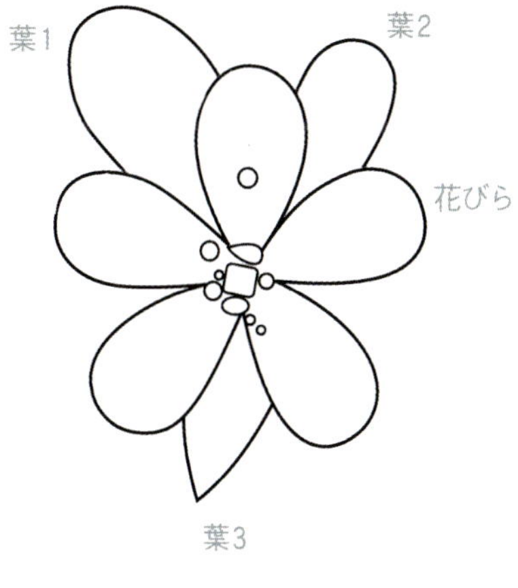

サテンベルト

材料

クリスタル（2.4㎜）

クリスタル（3㎜）

クリスタル（4㎜）

白パールビーズ（2.5㎜）

白パールビーズ（1㎜）

白パールビーズ（4㎜）

黒カットビーズ（5㎜）

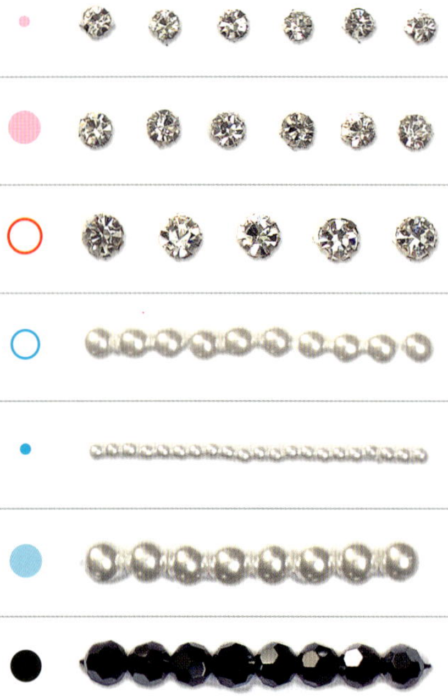

黒カットビーズ（4㎜）

黒管ビーズ

銀色ビーズ

銀色¼サイズビーズ

白、黒木綿縫い糸

白、黒木綿糸

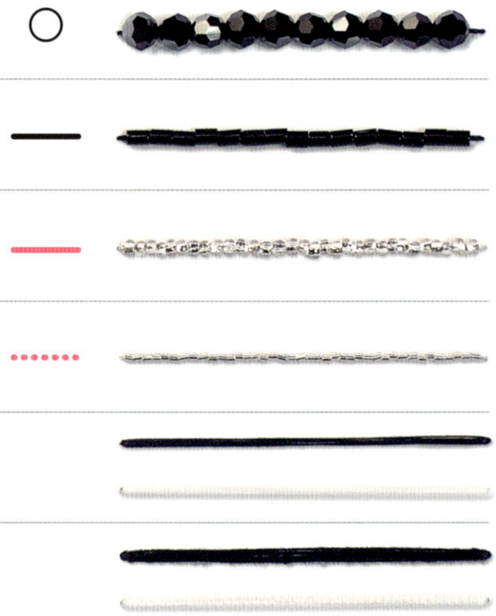

刺し方図

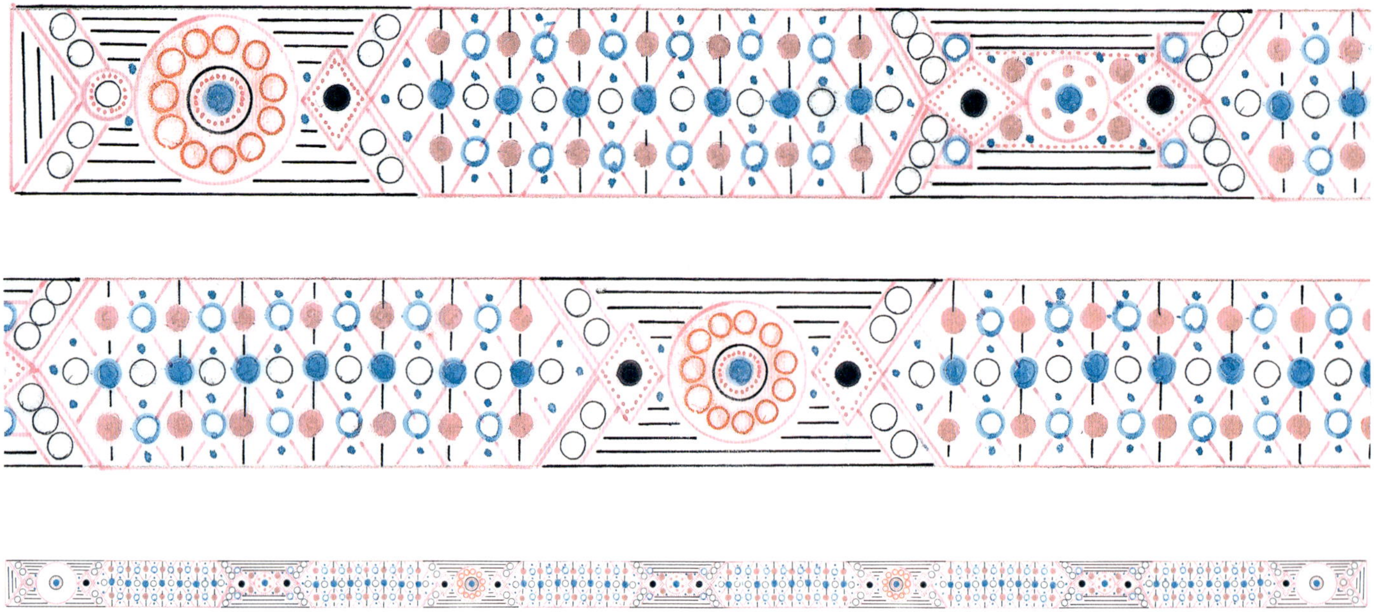

- クリスタル（2.4㎜）
- クリスタル（3㎜）
- クリスタル（4㎜）
- 白パールビーズ（2.5㎜）
- 白パールビーズ（1㎜）
- 白パールビーズ（4㎜）
- 黒カットビーズ（5㎜）
- 黒カットビーズ（4㎜）
- 黒管ビーズ
- 銀色ビーズ
- 銀色¼サイズビーズ
- 白、黒木綿縫い糸
- 白、黒木綿糸

図案（200％に拡大して使用）

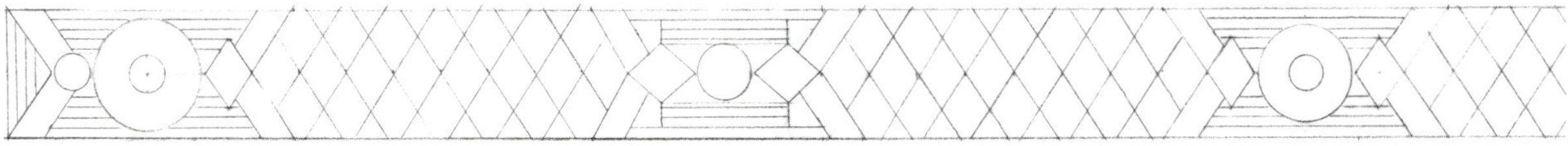

刺し方順序

注：刺繍は、裏面からはリュネビルかぎ針を使って、表面からは針を使ってします。
提案生地：表布はオーガンディ、裏布はオーガンディ、サテンリボン

裏面からかぎ針で刺繍
刺し方図に従って、線状に銀色ビーズ、黒管ビーズと銀色¼サイズビーズを刺繍します。

表面から針で刺繍
刺し方図を参照して位置を決めながら、さまざまな大きさの宝石を縫いとめます。

仕上げの刺繍
刺し方図を参照しながら、パールビーズと黒カットビーズをとめます。

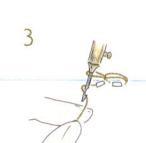

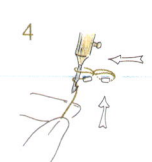

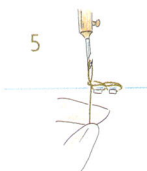

つかったステッチ

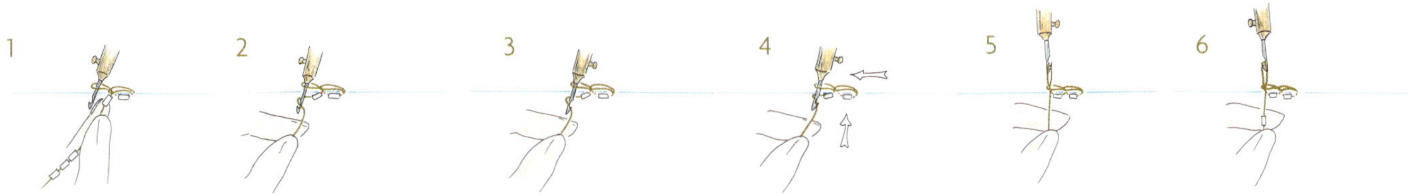

丸ビーズまたは管ビーズを線状にとめる

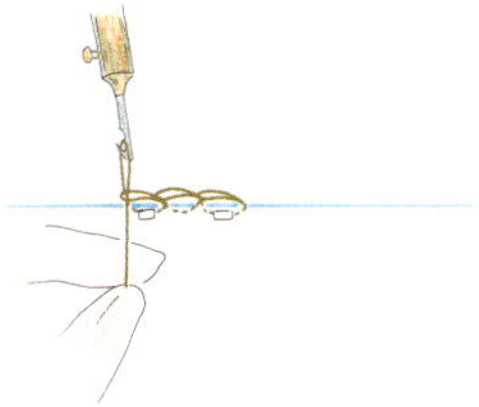

管ビーズを1針分あけて線状にとめる

宝石をとめる

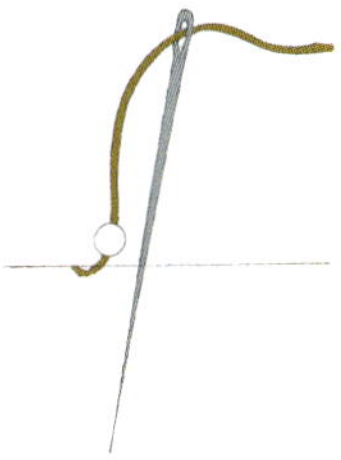

丸ビーズまたは管ビーズをとめる

カーテンタッセルのラリエット

材料

- ダイヤ（3㎜）
- 銀色小管ビーズ
- 金色管ビーズ
- 真珠色平スパングル（3㎜）
- より金糸
- より銀糸

刺し方図

- ダイヤ（3㎜）
- 金色管ビーズ
- より金糸
- 銀色小管ビーズ
- 真珠色平スパングル（3㎜）
- より銀糸

刺し方順序

注：刺繍は、裏面からはリュネビルかぎ針を使って、表面からは針を使ってします。
提案生地：表布はオーガンディ、裏布はサテン

裏面からかぎ針で刺繍

1. 刺し方図のように、金色管ビーズを線状に刺繍します。
同じように、銀色小管ビーズを一つずつのポンポンの玉の内側とカーテンタッセルのひもに刺繍します。

2. 真珠色平スパングルを、房の金色管ビーズの列の間とポンポンの玉に重ねてとめます。

3. 刺し方図に従って、金糸でチェーンステッチを刺繍します。

表面から針で刺繍

4. ポンポンの上にダイヤをとめます。

つかったステッチ

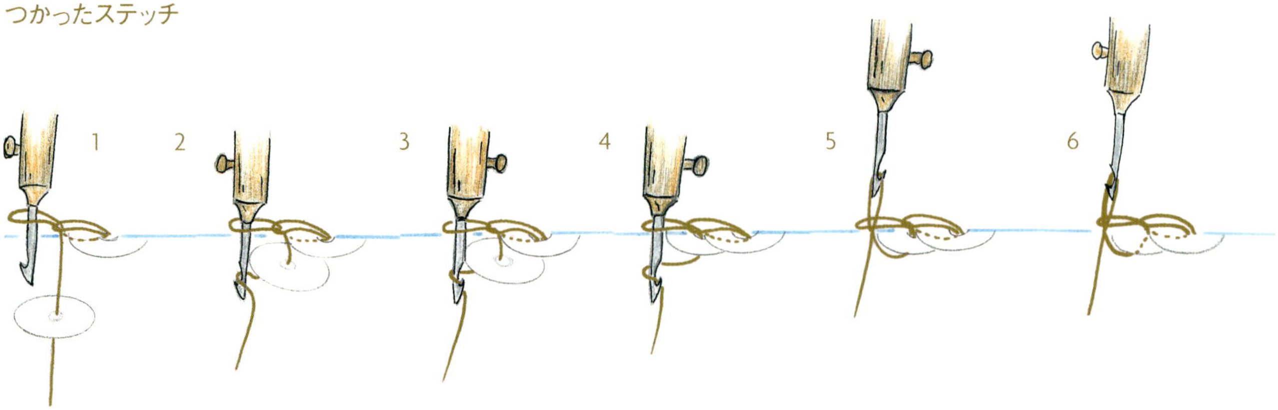

スパングルを重ねてとめる

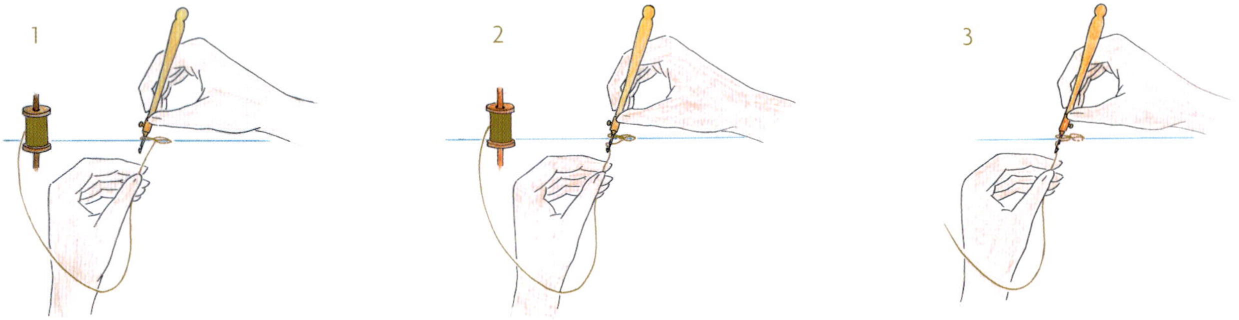

チェーンステッチ

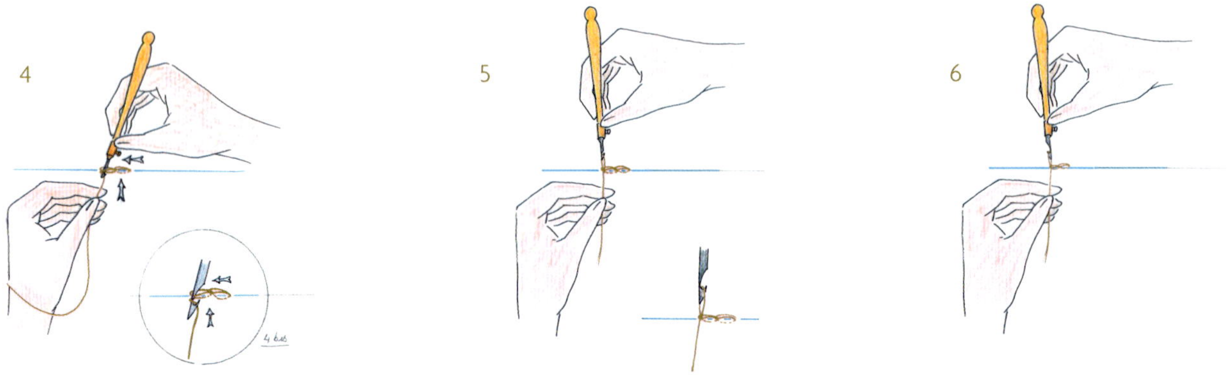

チェーンステッチで埋める

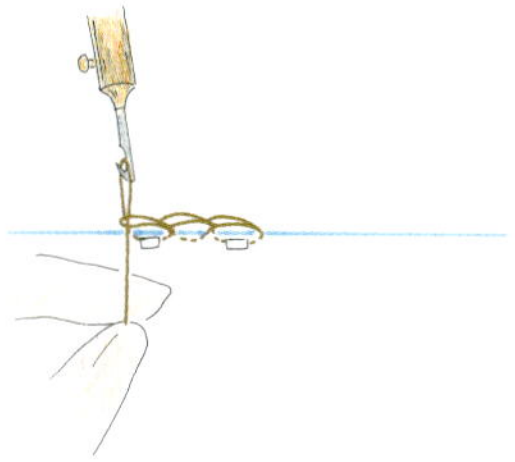

管ビーズを線状にとめる

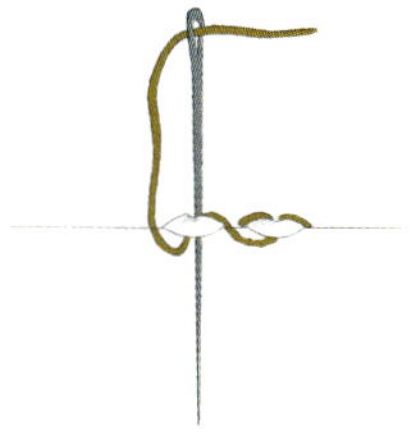

針を使って、ダイヤを小さい針目でとめる

図案

九つの正方形模様のクッション

材料

象牙色平スパングル(3㎜)		
銀色メタリック平スパングル(4㎜)		
銀色小管ビーズ		
ダイヤ(3㎜)		
銀糸		
金糸		
金色メタリック平スパングル(4㎜)		
象牙色平スパングル(4㎜)		
パールビーズ(3㎜)		

刺し方図

- 象牙色 平スパングル(3㎜)
- ダイヤ(3㎜)
- 金糸
- 象牙色 平スパングル(4㎜)
- 銀色メタリック 平スパングル(4㎜)
- 銀糸
- 金色メタリック 平スパングル(4㎜)
- パールビーズ(3㎜)
- 銀色小管ビーズ

刺し方順序

注：刺繍は、裏面からはリュネビルかぎ針を使って、表面からは針を使ってします。
提案生地：表布はベルベット、裏布はサテン

裏面からかぎ針で刺繍

1. 銀色小管ビーズを一つ一つの正方形の枠の上に縫いつけます。その際、ビーズとビーズの間は1針分あけます。

2. 四弁の花びらを金糸、銀糸を使ってチェーンステッチで埋めます。色と方向は刺し方図に従います。

3. 〝マーガレット〟のバックを銀糸のチェーンステッチで埋めます。ステッチの方向は刺し方図に従います。

4. 刺し方図に従って、金糸、または銀糸で九つの花の中心をチェーンステッチで埋めます。マーガレットはその外側も金糸のチェーンステッチで埋めます。花の中心に銀色小管ビーズを縫いとめますが、中心は後でダイヤをとめるのでスペースをあけておきます。

5.　スパングルを重ねてとめる方法で、金色または銀色のスパングルをマーガレットの外側にとめます。
刺し方図のように、スパングルは、外側から内側へ、一方方向に重ねます。

6.　4㎜の象牙色スパングルを四弁の花びらの輪郭にとめます。
3㎜の象牙色スパングルを九つの花の内側の輪郭と四弁の花のバックにとめます。

7.　正方形の枠を刺したビーズとビーズの間を埋めるように、ダイヤを小さな針目でとめます。

表面から針で刺繍

8.　正方形の角にパールビーズを縫いとめます。
一つ一つの花の中心にダイヤを小さな針目でとめます。

つかったステッチ

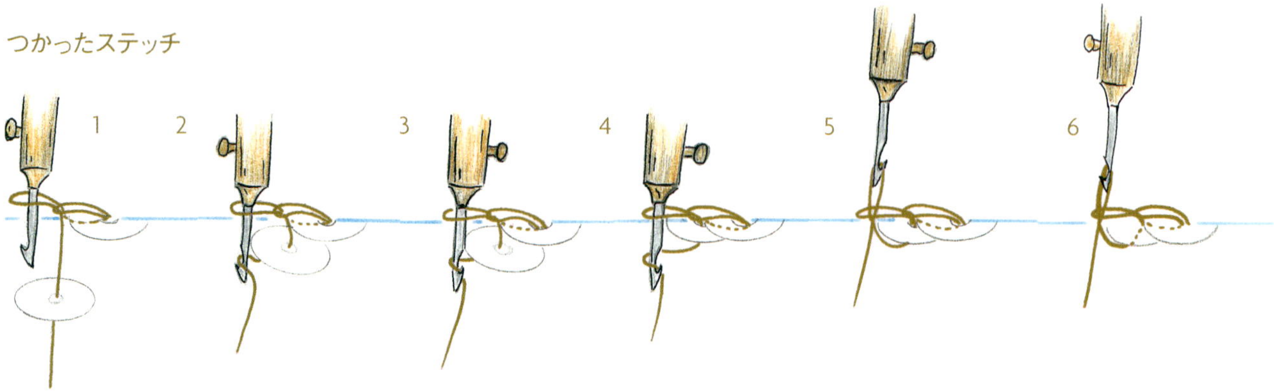

スパングルを重ねてとめる

1

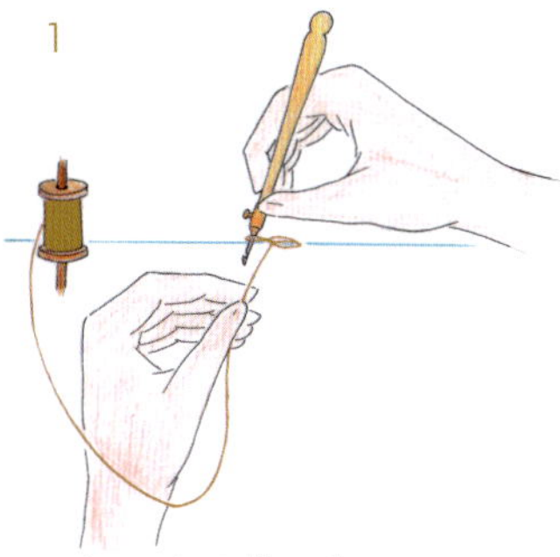

2

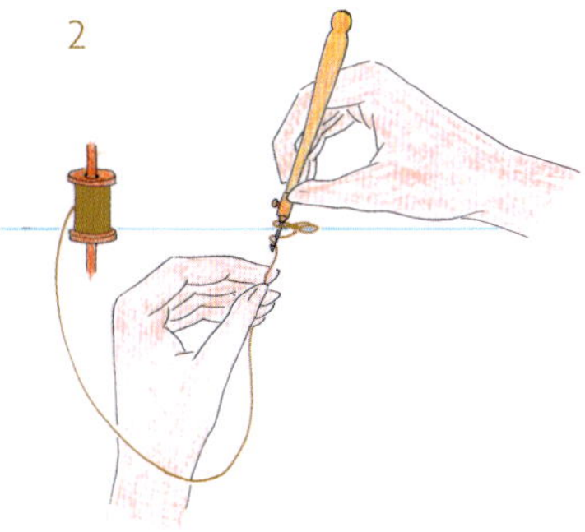

3

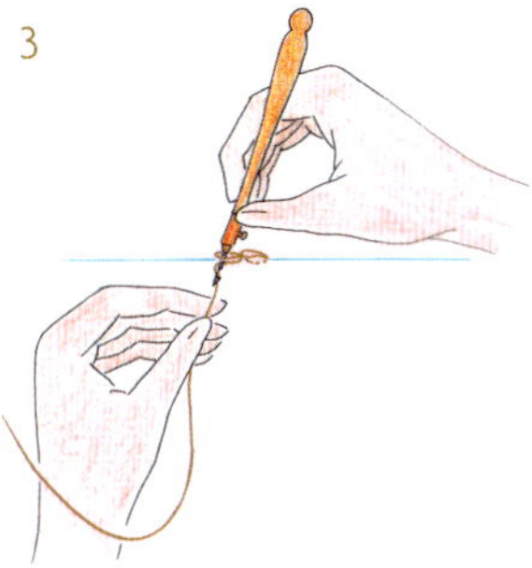

4

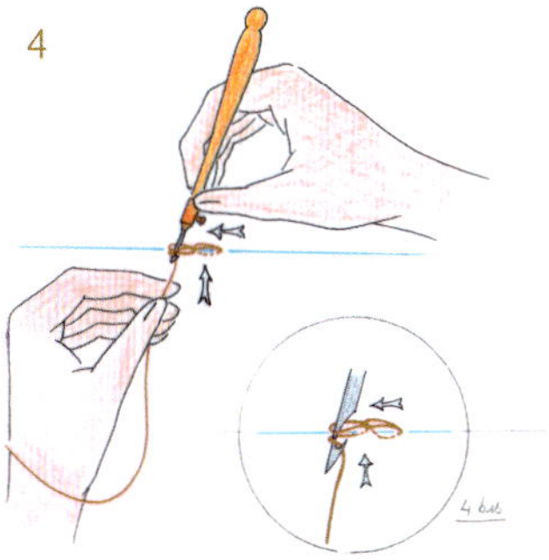

チェーンステッチ

5

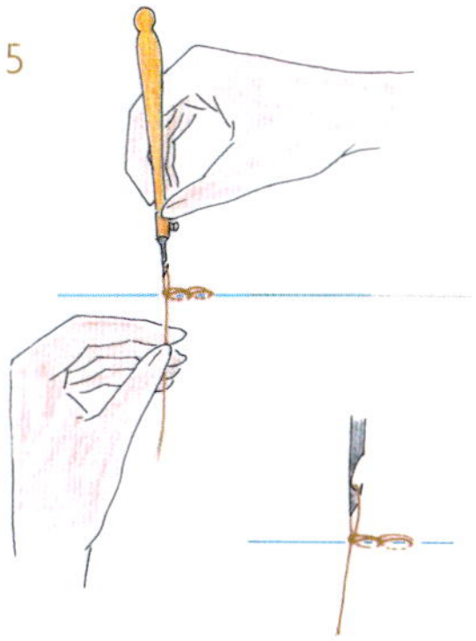

チェーンステッチで埋める

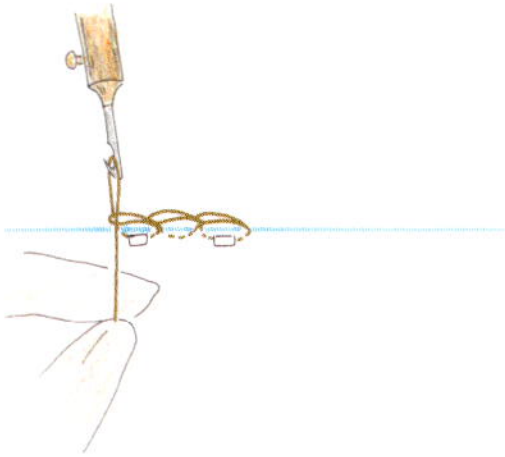

管ビーズを1針分あけて線状にとめる

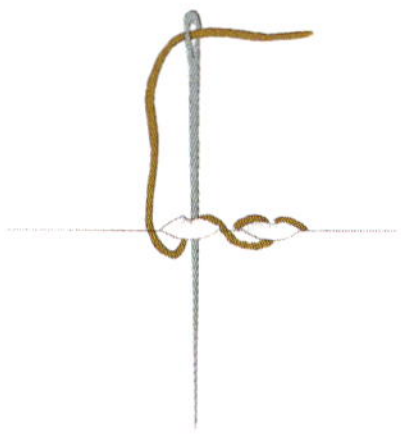

針を使って、小さな針目でダイヤをとめる

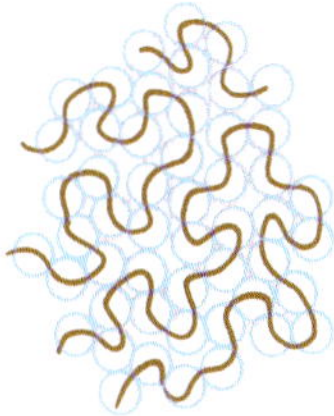

リュネビルかぎ針を使って、極小スパングルをとめる

パターン
（286％に拡大して使用）

ジャケットのブレード

材料

パールビーズ(3㎜)	
銀色小管ビーズ	
真珠色亀甲スパングル(10㎜)	
銀色つや消しメタリック平スパングル(4㎜)	
銀色メタリック平スパングル(4㎜)	
白亜色平スパングル(5㎜)	
真珠色亀甲スパングル(5㎜)	
金色メタリック亀甲スパングル(5㎜)	
銀色ビーズ	
クリスタル小管ビーズ	
クリスタル(4㎜)	
白木綿刺繡糸	

刺し方図

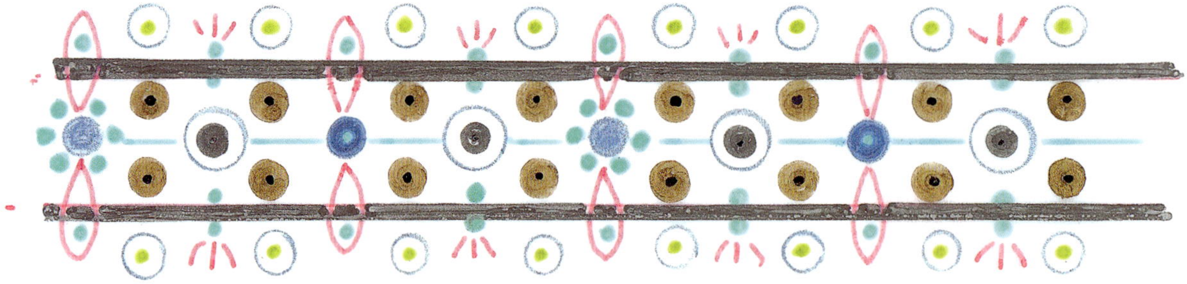

- パールビーズ(3㎜)
- 銀色つや消しメタリック平スパングル(4㎜)
- 真珠色亀甲スパングル(5㎜)
- クリスタル小管ビーズ
- 銀色小管ビーズ
- 銀色メタリック平スパングル(4㎜)
- 金色メタリック亀甲スパングル(5㎜)
- クリスタル(4㎜)
- 真珠色亀甲スパングル(10㎜)
- 白亜色平スパングル(5㎜)
- 銀色ビーズ
- 白木綿刺繍糸

図案

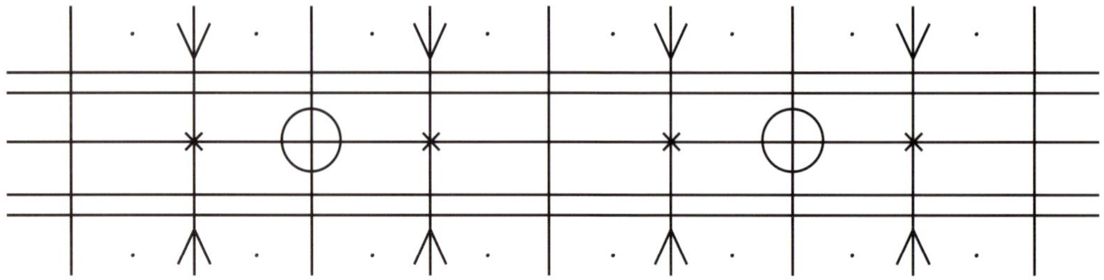

刺し方順序

注：刺繍は、裏面からはリュネビルかぎ針を使って、表面からは針を使ってします。
亀甲スパングルは凸面を刺します。
提案生地：オーガンディ

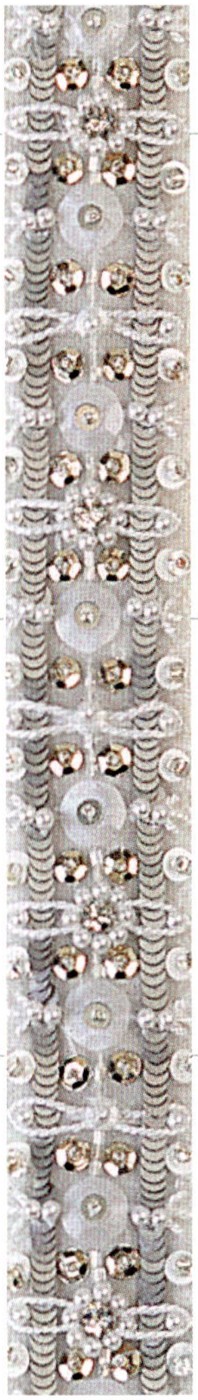

裏面からリュネビルかぎ針で刺繍

1.　刺し方図のように、銀色つや消し平スパングルを重ねて2列刺します。

表面から針で刺繍

2.　刺し方図に従って、刺繍糸でレゼーデージーステッチを刺繍します。ブレード幅中央のレゼーデージーステッチの刺始めと刺終りは、この後、クリスタル、または亀甲スパングルで隠します。
刺繍糸で、2列のスパングルの外側に小さなストレートステッチを3針縫います。このステッチは、ブレードの中心部の、10㎜の亀甲スパングルを刺繍する位置の外側に刺します。

3.　刺し方図に従って、クリスタルをとめます。
次にパールビーズを8個、クリスタルのまわりに縫いつけます。
1で刺した平スパングルの外側のレゼーデージーステッチの中にパールビーズを縫いつけます。
2で縫ったストレートステッチの根元にパールビーズを2個、**1**の平スパングルの上にとめます。

4.　10㎜の真珠色亀甲スパングルを銀色メタリック平スパングルと銀色小管ビーズで縫いとめます。
白亜色スパングルを銀色ビーズでとめ、金色亀甲スパングルを銀色小管ビーズでとめ、最後に5㎜の真珠色亀甲スパングルをパールビーズで縫いとめます。
10㎜の真珠色亀甲スパングルの両側にクリスタル小管ビーズを大きな針目でとめます。

つかったステッチ

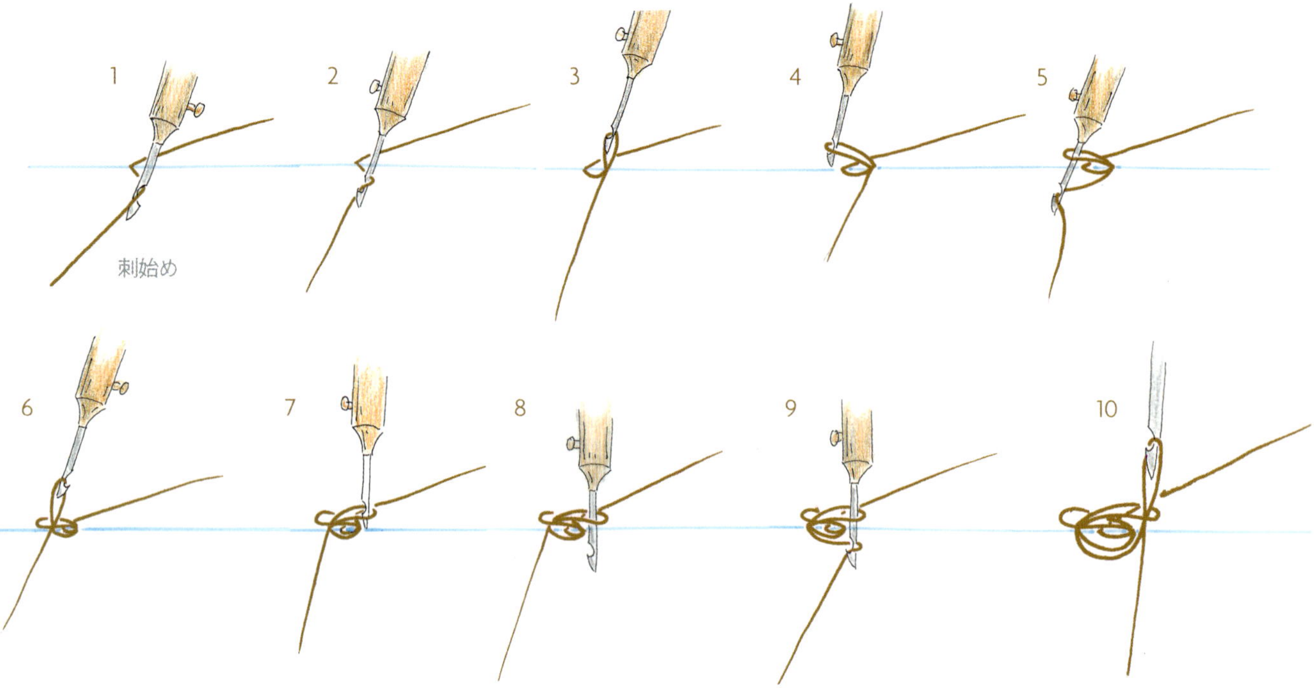
1
2
3
4
5
刺始め
6
7
8
9
10

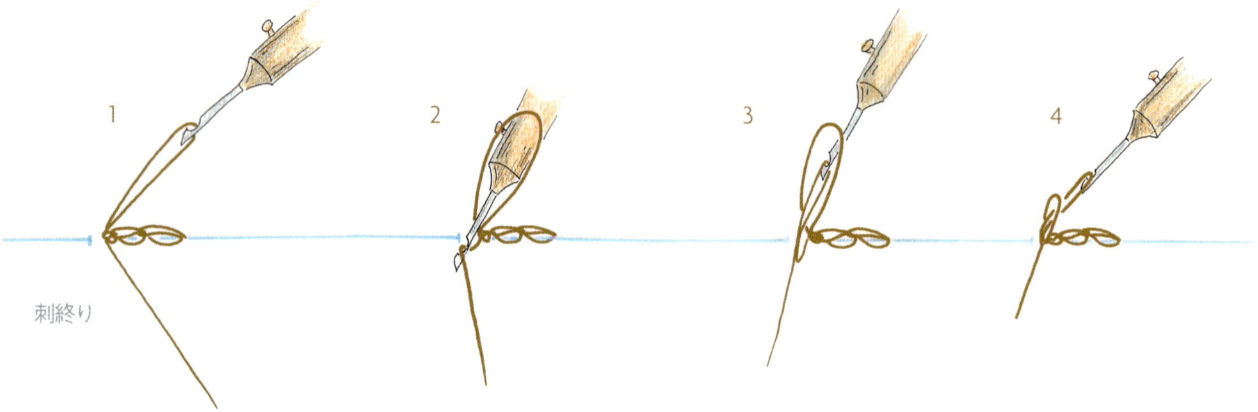
1
2
3
4
刺終り

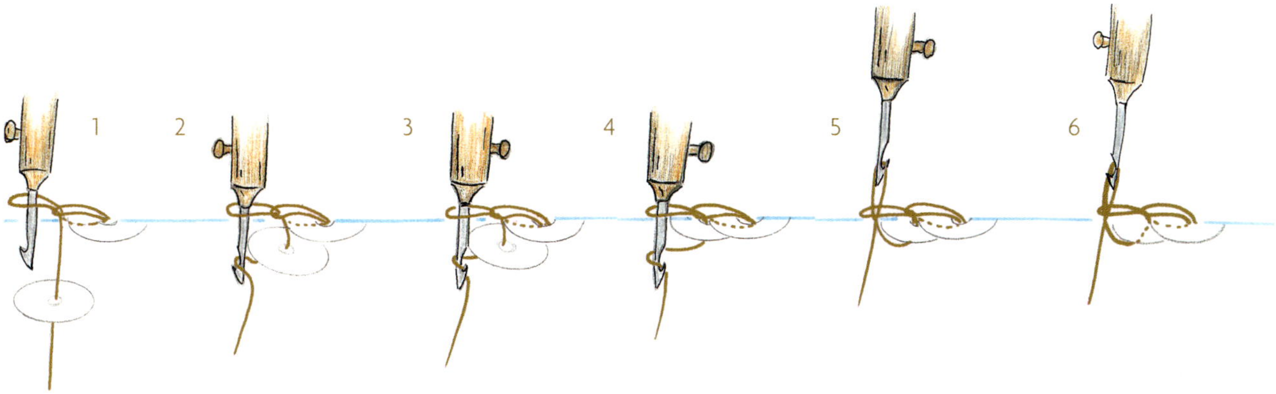

平スパングルを重ねてとめる

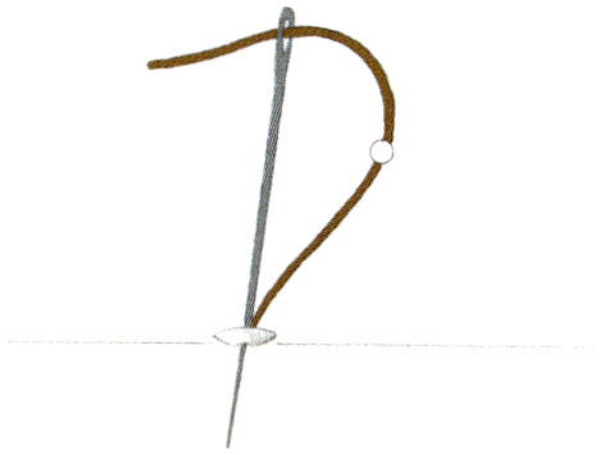

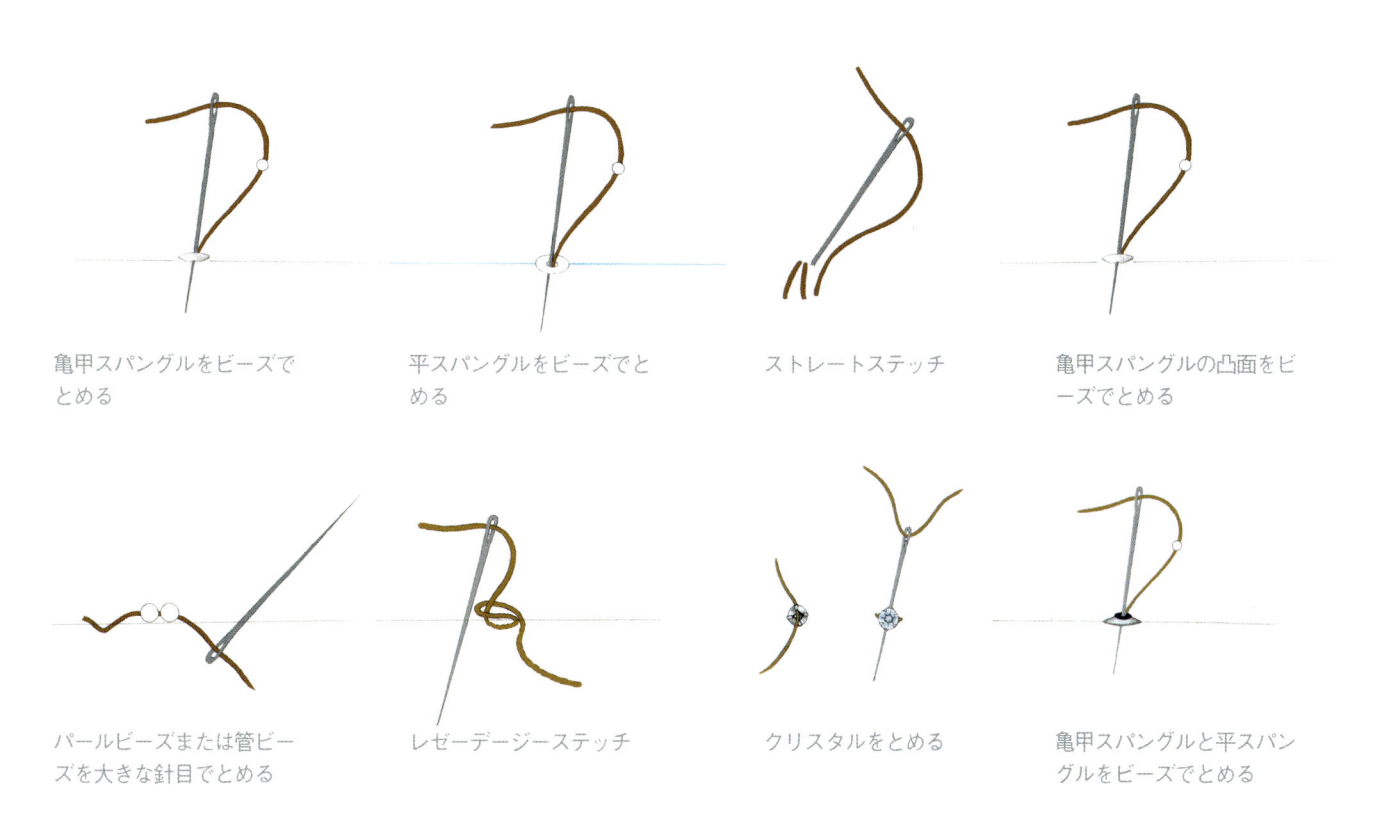

亀甲スパングルをビーズでとめる

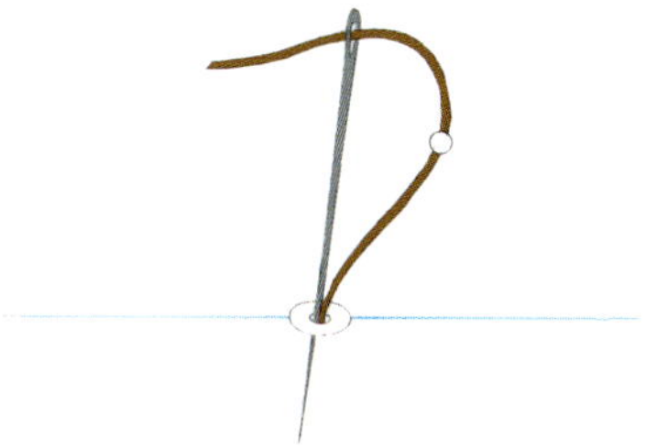

平スパングルをビーズでとめる

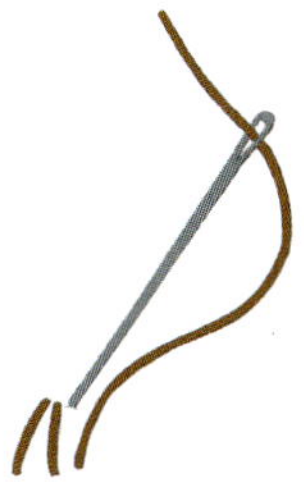

ストレートステッチ

亀甲スパングルの凸面をビーズでとめる

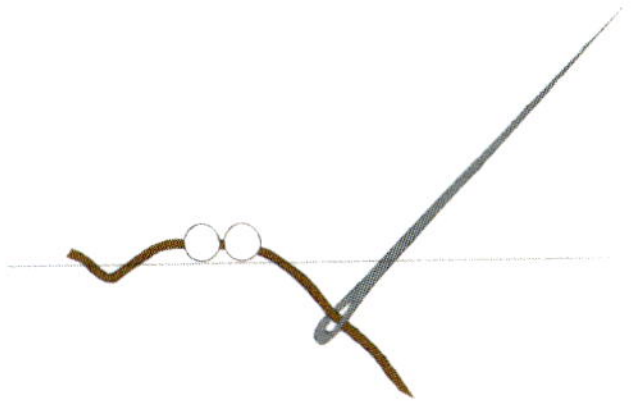

パールビーズまたは管ビーズを大きな針目でとめる

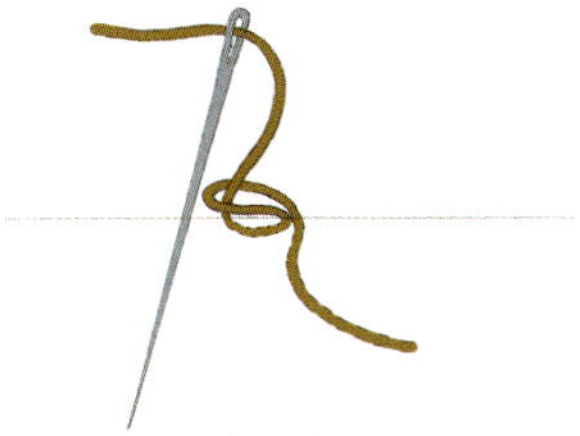

レゼーデージーステッチ

クリスタルをとめる

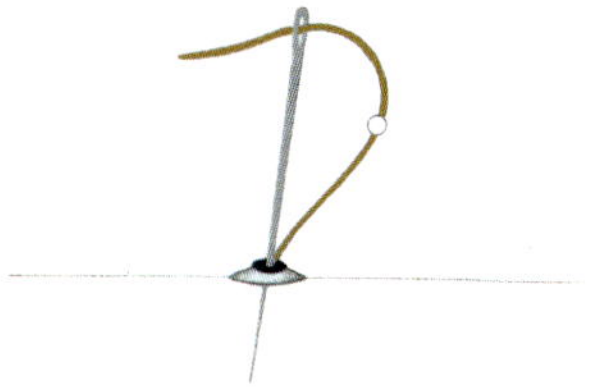

亀甲スパングルと平スパングルをビーズでとめる

Remerciements

À Monsieur Lesage
À la Maison Lesage pour sa disponibilité
À toute l'équipe de l'école Lesage
À Nathalie Philippé pour son travail
de recherche de matières
À la maison Arco
À Satoshi
À Éric Préau

お礼のことば

ルサージュ氏に対して
メゾン・ルサージュの協力に対して
エコール・ルサージュの
スタッフに対して
ナタリー・フィリペ氏に対して
メゾン・アルコに対して
サトシ氏に対して
エリック・プレオ氏に対して

芸術的指導：
Catherine Goux
カトリーヌ・グウ

文：
Élisabeth Livolsi
エリザベット・リヴォルシ

写真：
Claire Curt
クレール・クルト

イラスト：
Sophie Crevaux
ソフィ・クルヴォ

刺繍：
Florence Tavernier
フロランス・タヴェルニエ

写真（表紙）：
Olivier Saillant
オリヴィエ・サイヤン

日本語版レイアウト：
鷲巣 隆
鷲巣デザイン事務所

翻訳：
邉見一美

エコール・ルサージュの刺繍

オートクチュール刺繍が家で楽しめます

2008年9月14日　第1刷発行
2016年8月19日　第3刷発行

著者　エコール・ルサージュ
Ecole Lesage
発行者　大沼淳
発行所　学校法人文化学園 文化出版局
〒151-8524　東京都渋谷区代々木3-22-1
tel. 03-3299-2489（編集）
03-3299-2540（営業）
印刷・製本所　株式会社文化カラー印刷

Printed in Japan

・撮影状況や印刷により、作品の色は実物と多少異なる場合があります。ご了承ください。

文化出版局のホームページ　http://books.bunka.ac.jp/

Réalisé par Copyright
Conception graphique : Marina Delranc • Mise en page : Jean-Philippe Gauthier • Photogravure : Frédéric Bar et Poisson rouge
Fabrication : Céline Roche • Coordination éditoriale : Gracieuse Licari